Arnd Wesemann
IMMER FESTE TANZEN

Für Helena Waldmann,
der ich den schönsten Tanz meines Lebens verdanke

ARND WESEMANN

IMMER FESTE TANZEN
ein feierabend!

[transcript]

Bibliografische Information der Deutschen Bibliothek
Die Deutsche Bibliothek verzeichnet diese Publikation in der Deutschen Nationalbibliografie; detaillierte bibliografische Daten sind im Internet über http://dnb.ddb.de abrufbar.

© 2008 transcript Verlag, Bielefeld

Umschlaggestaltung: Kordula Röckenhaus, Bielefeld
Umschlagabbildung: Paschtunisches Hochzeitsfest, Kabul 2007;
    Foto: Arnd Wesemann
Lektorat: Marc Staudacher
Druck: Majuskel Medienproduktion GmbH, Wetzlar
ISBN 978-3-89942-911-4

Gedruckt auf alterungsbeständigem Papier mit chlorfrei gebleichtem Zellstoff.

Besuchen Sie uns im Internet: *http://www.transcript-verlag.de*

Bitte fordern Sie unser Gesamtverzeichnis und andere Broschüren an unter:
info@transcript-verlag.de

Inhalt

Aufs Fest

Sie sind eingeladen auf ein Fest

Sie bringen ein kleines Geschenk mit, wie eine Abbitte, um sich dann schadlos zu halten. Sie essen, Sie trinken, Sie genießen die Freiheit, Sie sind zu nichts verpflichtet. Sie können kommen, wann Sie wollen (je später, desto eindrucksvoller wäre Ihr Auftritt). Sie können gehen, wann Sie wollen (je früher, desto bessere Verpflichtungen haben Sie außerdem). Sie halten sich jederzeit für kompetent genug, ein Urteil über das Gelingen des Fests zu fällen: die Auswahl der Getränke, die Qualität des Essens, die Zusammenstellung der Gäste. Dabei haben Sie, Hand aufs Herz, keine Lust, auch noch zu tanzen. Sie haben Besseres zu tun. Sie scannen das versammelte Völkchen ab auf der Suche nach einer attraktiven Plauderei, nach einem Gerücht über Dritte, nach einem Fehltritt, der sogar Ihr eigener sein darf, wenn er sich lohnt. Ebenso gern beobachten Sie den Ausrutscher, ein Faux-pas, irgendeine Kleinigkeit, über die es sich ein wenig das Maul zu zerreißen lohnt. Sie grüßen natürlich den Gastgeber, genießen den Triumph, wenn Sie seine Nervosität bemerken, seine Furcht, das Fest könne Sie anöden. Sagen Sie ihm, wie sehr Sie sich freuen, dass er an Sie gedacht hat. Loben Sie ihn, behaupten Sie, dass Sie sich selbst nie trauen würden, ein so aufwändiges Fest zu organisieren. Was da alles schief laufen kann! Sie sind der Kritiker. Sagen Sie aber nicht, dass Sie ein Parasit sind. Auf einem Fest, das den Körper kontaminiert (wer weiß, nachher rauchen die sogar), das den Körper mästet und tränkt, da kann man nicht umhin zu sagen: Ein Fest ist ungesund. Der Gastgeber droht Ihnen, dass man später tanzen wolle, die Körper in Bewegung versetzen, was weder dem Gang der Welt noch der Zielstrebigkeit unseres Tuns entspricht. Man wolle aber den Körper ein wenig aus dem Anstand heraus locken, damit er schwitzt, verführt, verführt wird, begehrt, begehrt wird. Sagen Sie Ihrem Gastgeber, dass Sie vorsorglich zwei Alka-Seltzer geschluckt hätten. Und fragen Sie ihn auch, ob er daran gedacht habe, für sein Fest ein paar weniger legale Drogen zu besorgen – nur für den Fall, dass sonst nichts los ist.

I

Es ist schon wahr. Man schaut auf ein Fest, als wäre es ein Theater. Man hält Distanz und kann es beurteilen, gerade weil man damit weiter nichts zu tun hat. Auch im Theater findet sich diese Abneigung gegen den Tanz. Auch im Theater wollen Sie berauscht werden. Aber gefahrlos. Indem Sie das Theater verstehen möchten, also Verständnis zeigen. Wie viel das Theater tatsächlich mit dem Fest zu tun hat, lesen Sie im ersten Kapitel: Immer Theater mit dem Fest

II

Nach guter Sitte haben Sie auch etwas mitgebracht, ein Blümchen, eine Flasche vom Roten und die Alka-Seltzer. Mit Letzterem lässt sich das Fest überleben, mit Erstem schmückt man es und heizt es an. Aus tiefem Vorfahrenwissen bringt man also ein Geschenk, eine Gabe. Wozu man es bringt, braucht man nicht zu wissen. Denn dazu wurde das zweite Kapitel verfasst: Immer Feste Glauben.

III

Sie haben übrigens gut daran getan, den Gastgeber zu loben. Was für ein Aufwand, was für eine Arbeit. Nur wozu? Wäre das Fest ein Tausch, ein Geschäft, müssten Sie sich ja nun selbst ordentlich ins Zeug legen und dem Gastgeber beweisen, dass Sie seine Freigebigkeit verdient haben. Besser, Sie fragen nach einem Anlass. Meist gibt es einen. Der rechtfertigt dann schon die ganze Arbeit. Im dritten Kapitel lesen Sie, was diese Arbeit mit dem Fest wirklich anstellt: Immer Arbeit mit dem Fest.

IV

Sie wollen sich lieber selbst was anstecken oder einwerfen, als sich anstecken und umwerfen zu lassen. Da haben Sie Recht. Denn wie beim Einkaufen nimmt man nur, was gefällt und nicht alles, was angeboten wird. Das wäre maßlos. Das fanden schon die alten Griechen so. Und erfanden sich ein Fest, auf dem sie herausfanden, wozu der Tanz wirklich gut ist. Das aber steht erst im vierten Kapitel: Immer süchtig nach dem Fest.

Seien Sie nun mein Gast

und hüten Sie sich vor falschen Erwartungen. Das Buch ist nur eine Gabe, die ich Helena Waldmann und ihren Freunden zu verdanken habe, die sie mit Inspiration anfeuerten, eine Gabe, die Gabriele Brandstetter auf den Weg brachte und die Hans-Thies Lehmann mit einem Opfer an Zeit schmückte. Die durch zahllose Lektüren und noch zahlreichere Gespräche entstand, Gaben, deren Absender im Lauf der Feier auch mal verloren gehen durften. Ich erinnere mich nur, dass immer wieder eine Frage geäußert wurde: Was das Fest denn sei, im Unterschied zur Party und zur Feier? Die Party habe ich soeben beschrieben. Die Feier ist just das, was das Kino von Mira Nair, »Monsoon Wedding«, über »Das Fest« von Thomas Vinterberg bis hin zu Bertolt Brechts Theaterstück »Kleinbürgerhochzeit« auf dem Kieker hatte. Die Feier, weil sie etwas heiligt, eine Familienbande, einen Geburtstag oder einen Tod, muss sich von ihrem Anlass befreien – um nicht ausgerechnet am Gesetz des Theaters und des Kinos zu scheitern, an der allzu genau geplanten Inszenierung. Die Feier, will sie sich vor zu viel Ordnung schützen, muss ausarten: zu einem Fest.

Das Fest begehrt auf wie der volkstümliche, nicht wie der inszenierte Karneval: gegen das Gesetz. Ein gutes Fest, das wissen schon die Jüngsten, ist illegal. Eine Befreiung. Das Fest stört die Ordnung. Das Fest gilt als die Pest der Produktivität. Weil es maßlos Energie verschwendet, gewaltigen Abfall macht und chaotische Verhältnisse liebt. Das Fest stellt sich gegen die Ökonomie des Geizes. Und dem Willen zur Arbeit ist das Fest sowieso unzumutbar. Weil es die Dämmerung der Arbeit ist, die in deutscher Sprache (und nur in dieser) Feierabend! heißen darf.

Arnd Wesemann, Januar 2008

Immer Theater mit dem Fest

Initiation ins Fest

Ein paar Jahre her, wir waren von Freunden eingeladen zum Karneval nach Krefeld, betraten das Haus mit Tasche und Schlafsack. Die Musik hämmerte, die Feiernden sprangen wie Schatten durch die Zimmer, ohne Gesichter. Alle waren maskiert, die Freunde unerkennbar. Scheu, beinah erschrocken wandten sich die Tanzenden von den Eindringlingen aus der profanen Welt ab, die sich, kulturell so gewohnt, gleich den Weg zum »Stützpunkt« bahnten, wie der Bar-Tresen in Krefeld heißt. Statt ein Bier zu bekommen, um sich dem gemeinen Stand der Stimmung anzunähern, nahm uns die Hausherrin aus dem Bannkreis. Zog uns bestimmt ins Hinterzimmer, ohne Vorwurf, zu den dort gelagerten Kostümen, zu Farbtöpfen und Masken. Es war Bruni Encke. Sie war die Choreografin. Sie hatte wochenlang die Ausnahme organisiert; und sorgte sich nun, nicht die kleinste Störung eines sechstägigen Fests durchzulassen, nicht den kleinsten Verrat am Imperativ der Hingabe. Sie lehrte uns so zu trinken, dass das Getrunkene im Schweiß des Tanzes wieder transpirierte. Sie lehrte uns, an Schlaf gar nicht erst zu denken, der im Rausch der Verausgabung der Körper und des Verlöschens jeden Willens sowieso überflüssig wurde. Sie lehrte uns, selber flüssig zu sein, weil es auf einem Fest keine Härten des Denkens und Handelns gibt: sondern Tanz.

Jahre später war das Fest nicht mehr. Die Enckes hatten es an ihre Kinder weitergegeben, die anderswo lebten; selber waren sie pensioniert und nicht mehr verantwortlich, ein Fest zu geben. Jedes Alter hat so seine Aufgaben. In Krefeld ist das Fest verschwunden.

Jahre später: eine Hochzeit derselben Freunde woanders, ein Fest fast wie damals. Dazwischen Bruni Encke, die unermüdlich korrigierend gegen dieses »fast« des Fests anrannte, mit heiligem Ernst im Gesicht und in ihren Worten. Unablässig war sie bemüht, das Fest zu retten, indem sie ihre Kinder vor jeglicher Nachlässigkeit zu bewahren suchte, jedes Moment der Stimmung sorgsam wahrnahm, sofort Kritik äußerte, als das Fest in seiner Dramaturgie, seiner Durchführung von Höhepunkt zu Höhepunkt zu lahmen drohte. Von ihr lernten wir, dass ihr Fest vor allem eins war: Choreografie.

Falls Sie sich für Choreografie interessieren

gibt es vier Möglichkeiten, Choreografie zu betrachten. Erstens im Theater – dort ist der Tanz mal eine eigene Sparte, mal in Oper, Operette und Musical unterwegs. Er hat seine eigenen Königinnen wie Pina Bausch, die aus der blanken Situation, am Theater zu tanzen, das Tanztheater erfand. Dann gibt es Tanz, der wie Kunst betrachtet werden will, was mithin dazu führt, dass im zeitgenössischen Tanz nicht mehr getanzt wird, weil man ihn dort Performance nennt. So nähert sich der Tanz der Kunst und der Arbeit an: als Leistung (die auf Englisch »performance« heißt). In diesem Sinn darf man sich Tanz überhaupt als sportlichen Wettbewerb vorstellen, der im Ballett ebenso zur Grundlage der Karriere gehört, wie er beim Break Dance zum Battle taugt oder in diversen Fernsehshows zur »Endausscheidung« von Kandidaten, bei dem es wie beim Eistanz nur Sieger und Verlierer gibt. Schließlich hat man zumindest davon gehört, dass Tanz auch einfach so getanzt werden kann, wie bei einem Fest. Wenn auf einem Fest nicht getanzt wird, ist das Fest ein Elend. Das wahre Elend aber ist: dass unsere Kultur sehr wohl den Wettbewerb, die Performance und das Theater fördert, das Fest aber einer ganz anderen Kultur angehört. Aber die hat als das Gegenteil von Arbeit (Wettbewerb, Leistung, Repräsentation) keinen Stand mehr. Bruni Encke schrieb daraufhin einen Brief:

Aus Bruni Enckes Brief

Jedes wirkliche Fest bildet, auf Zeit, gleichsam eine Trutzburg wider die Zeit. Gegen den Andrang der Zukunft mit ihren Sorgen und Nöten und Ungewissheiten, mit ihrer immer währenden alltäglichen Arbeit.

Vielleicht kann nur im Horizont der Kargheit und der nie ans Ende kommenden Arbeit das Fest wirklich zum Fest werden, weil es einen, nein, den einzig denkbaren Triumph der Freiheit über die Zwänge des Daseins, über Zufall und Schicksal markiert.

Man feiert und isst nicht allein, sondern mit Freunden, den Nachbarn und vor allem mit der Familie. Je größer der Kreis desto besser. Darum taugt die moderne Kleinfamilie, die so schnell überfordert ist, zum festlichen Feiern weit weniger, als die altertümliche Großfamilie.

Feste kann man nur ganz oder gar nicht feiern. Das Fest ist die höchste Form des menschlichen Spiels. Das Fest ist ganz unser eigenes Werk, ein Triumph unserer Freiheit, die wir der Gewalt der Verhältnisse, den Nöten und Niederungen des Daseins abtrotzen. (Ein Fest zur Freiheit macht natürlich Arbeit – aber dieser Satz darf in Deutschland nicht gesagt werden.)

Das Fest erfordert unsere Hingabe. Wir dürfen nicht knausern, nicht nachrechnen, was es denn kostet, sondern wir müssen verschwenden: unsere Zeit, unsere Mittel, uns selbst. Sonst triumphiert nicht die Freiheit, sondern die Sorge, also die Gewalt der Verhältnisse. Wo es Feste noch gibt, da sind wir geborgen.

Kindergeburtstag bei der Kleinfamilie

Eltern lieben den Glanz in den Augen ihres Kinds. Sein neuer Besitz, ein Fahrrad, wird dem Kind geweiht, so wie seine Eltern damals ihre Wohnung einweihten: mit einer Feier. Was das Kind zum Geburtstag erhalten hat – das meint das uralte Wort »Weihe« – wird mit Freunden geteilt. Dazu reicht man Kuchen und Cola als eine Art Abbitte. Die Familie opfert etwas, um (sich) das neue Fahrrad zu erhalten. Weil in diesem Weihen ein einfacher alter Zauber steckt: Um das Kind zu bezaubern, bereitet man ihm eine Feier, die es selbst und seinen Besitz schützt. Kulturell ist man gut geübt, ein Fahrrad zu kaufen. Weniger geübt ist, wie die Feier gelingt, die dazu gehört. Gewöhnlich organisieren die Eltern um Kuchen und Cola herum eine Anzahl Spiele. Doch machen die

13

Kinder mit? Wird es Streit geben? In welchem Zustand wird sich die Wohnung später befinden? Gegen diese Unwägbarkeiten verwendet man eine Art von Choreografie, um im Spiel Bewegungen auszulösen, sie zu steuern, sie zu gestalten. Was die Kinder dann hampelnd, erregt, zankend und jubelnd anstellen, sieht fast schon aus wie ein Fest, ein grotesker Tanz. Aber diese Feier der Weihe braucht wie ein Fest der Verschwendung und Verausgabung ein Maß an Planung, Durchführung und Entsorgung. Das lässt sich umgehen. Man lädt die Kinder einfach ins Theater, in den Zoo, ins Kino. So lernt das Kind den öffentlichen Raum des Kulturkonsums schätzen; fürs Fest ist es verloren.

Das Fest hat keinen guten Stand

Es kostet Geld, Verantwortung für die, die eingeladen sind, und: Ein Fest kann man nicht konsumieren. Deshalb nicht, weil das Fest selbst die Antwort auf den Konsum ist. Das Fest ist das Pendant zum Geschenk. Ich schenke, Du gibst mir ein Fest. Ich opfere etwas, Du verhilfst mir zu einem Spiel, einem Tanz, einem Essen, zu einem Getränk, zu einer neuen Bekanntschaft. Das ist eine Menge mehr im Vergleich zu meinem kleinen Opfer, einem Strauß Blumen oder sonst einer Geste, die ich anbringe. Du musst mein Geschenk überbieten, weil Du Geburtstag hast. Das Fest kostet womöglich mehr als das Fahrrad, das man Dir geschenkt hat. Absurd. Warum sollte so ein Fest Kultur sein? Zumal an die Stelle des Fests längst die andere Kultur des Theaters oder des Kinos getreten ist, als eine vernünftige Kultur mit vernünftigen Erlösen. Was Kultur in der heutigen Bedeutung des Worts ausmacht, ist ein fairer Tausch zu Gunsten der Kultur: Gib Dein Geld für Bildung und für Deinen Genuss, gib Geld, um selbst gebildet und genießend zu sein (sein zu müssen). Denn genau das vermag das Fest nicht. Und so kommt das Wissen, wie man feiert, wie man aufmerksam gegenüber Mitfeiernden ist und diese genießt, in unserem Kulturbegriff nicht vor.

Das Fest ist unvernünftig

Aufgewachsen am Rand von Köln, einer einstigen Hochburg so genannter Veddels-Zöch, gibt es Karnevalsvereine, deren Mitglieder drei Monate lang nichts anderes im Kopf haben, als ihr Geld

in Schmuckwagen, Musikinstrumente, Bierfässer und Tanzmarie-
chen zu stecken, Geld, das für wenige Februartage wie Kamelle
aus dem Fenster fliegt. Reine Verschwendung, lästerten die Zuge-
zogenen. An der Schule gab es zwei Parteien: pro und contra Karneval, wobei nur die Kinder in Erklärungsnot gerieten, die den
Karneval so traditionell kannten, dass ihnen nichts einfiel gegen
die, die sich gegen die Kultur ihrer Heimat wandten. Ungestört
wuchs so eine »moderne« Mehrheit der Karnevalsgegner auf, die
schon aus »guten Gründen« gegen »organisiertes Küssen« war,
gegen »Zwangsbesäufnisse mit Leuten, die man sonst mit dem
Hintern nicht anschaut«, und natürlich gegen die »alberne Maskerade«. Es hat keine zehn Jahre gedauert, da war der Karneval in
dieser Gegend mumifiziert. Den Kindern wurde gezeigt, was
wahre Vernunft ist, und manche schämten sich, eine Tradition
fortzusetzen, die sie nicht verteidigen konnten. Weil aber eine von
Ritualen durchsetzte Tradition ein mehrheitliches Einverständnis
voraussetzt und ein Wissen darum, wie man Karneval feiert, gehört er zu den tendenziell gefährdeten Arten. Er ist ins Fernsehen
verbannt und sieht dort genau so aus, wie die Kinder ihn früher
hassten: ein Kamelle werfendes Schenkelklopf- und Schunkelthea-
ter. Dass der Karneval gar kein Theater ist, haben selbst seine
kindlichen Gegner nicht gewusst.

Wissenskultur

ist das Schlagwort heute. Dieses Wort unterstellt indirekt, dass es
eine Kultur geben muss, die nichts oder nur wenig weiß. Den
Karneval zum Beispiel. Was weiß er? Wen bildet er? Oder der
Tanz, der gern als dumm weil wortlos hingestellt wird? Aber der
Tanz, nicht der Karneval, ist von der Kulturpolitik auserkoren, ein
Wissen in sich zu tragen. Zu wissen, wie man tanzt. Denn im
Tanz, als Ballettunterricht, als Tanz in Grundschulen, in der be-
rüchtigten Tanzstunde, steckt all das, was über Jahrhunderte aus
Pflicht überlebt hat: das Beherrschen von Schritten. Tanz ist nicht
das Gehopse eines Kindergeburtstags, keine Erwärmung der Kinder fürs Fest, nicht die Choreografie immer neuer Spiele bis zur
glücklichen Erschöpfung der eigenen Brut. Sondern die vernünftige Beherrschung des Körpers, der ab einem bestimmten Grad von
Können dazu befähigt, sogar im Theater stattfinden zu dürfen. In
jener Anstalt also, die das Wissen durch lebendige Körper ver-

15

nünftig bewahrt, während Karneval und Tanzfest aus dem kulturellen Bestand entlassen und ihren Sponsoren übergeben wurde. Die müssen ihren Opernball nun genauso aus bürgerlicher Eigeninitiative bewahren wie ihren Karneval. Damit wird das Fest zunehmend privater, der Tanz immer öffentlicher gefördert. Es ist somit ein Keil getrieben zwischen zwei, die einst zusammen gehörten: zwischen Tanz und Fest, zwischen Kunst und Fest, auch zwischen Öffentlichkeit und ihrem Fest.

In der Vergangenheit

war es umgekehrt. Die Feste waren fest in der Hand der regierenden Öffentlichkeit, der Kirchen und des Adels, während Bühnentanz und Theater nur für eine kleine Elite oder auf finanziell privates Risiko hin stattfanden. Das Fest sollte das Volk einen; Theater und erst recht den Tanz hielt man für gefährlich. Jahrhundertelang bestimmen Tanzverbote und Theaterzensur die Kunst. Und heute: Reichlich wird eine Kunstindustrie in Europa gefördert, die offen die Freiheit der Kunst als das Gegenteil von jeglicher Festkultur bezeichnen darf. Karneval heißt auf deutsch: Fleisch adé (Verzicht auf Fleisch in der beginnenden Fastenzeit), Festival heißt also: Fest adé (Verzicht auf ein Fest in einer Zeit, die dem Tanz, der Musik oder dem Film gewidmet ist). Gewünscht ist ein Gewinn durch Konzentration auf die Kunst, nicht ein Verlust durch das Verlustieren des Menschen bei einem Fest. Wenn alle am Fest Beteiligten selber tanzen, man sähe schlicht die Künstler dieses Fachs nicht mehr. Ein traditionelles Fest, Ausdruck demokratischer Freiheit, schaut nicht auf Leistung. Dagegen gewährt ein modernes Festival, geht es nach demokratischer Freiheit, möglichst allen Zugang zur Leistungskunst.

Leistung

ist der Schlüssel. Indem das Fest restlos privatisiert und das Theater restlos der Öffentlichkeit überantwortet wurde, sind wirklich private Theater so selten wie Feste, die nicht vom Willen ihrer Sponsoren abhängen. Der Grund dafür ist praktisch: Wie beim Geburtstagsfest ihres Kinds müssen die Eltern für das Fest viel leisten, oder aber sie leisten sich und den Kindern anstelle des Fests ein Quäntchen jener Kultur, die etwas leistet. Man nennt sie irreführend die »bürgerliche Kultur«, obwohl der Bürger auf der Bühne nur jene Leistung zu sehen bekommt, die er selbst nicht leisten will. Tatsächlich erlaubt die Theaterkultur dem Bürger, außerhalb seiner Kultur zu bleiben, was er gleich mit Kunst verwechselt. Die Show, die er gegen Eintritt betrachtet, soll ihm fremd scheinen, exotisch, »mal was anderes« zeigen, sich jedenfalls nicht einmischen in seine Sphäre. Das romantische Ballett einer fernen Historie, die fremde Kultur des HipHop, eine Show irischer Stepptänzer raunen ihm von Welten, die er nicht betreten kann, weil ihm der Körper fehlt, so zu tanzen wie die da auf der Bühne. Das bewundert er, und hat dieses Vergnügen in den 1990ern nach dem Österreicher Robert Pfaller »Interpassivität« genannt: »Ich tanze nicht. Ich lasse tanzen«. Auf einem wirklich »bürgerlichen« Fest wäre das schlicht unmöglich.

Die Fiesta von Alcoy

Spanien. Alcoy bei Alicante. Die Fiesta de Moros y Cristianos, das Fest der Mauren und Christen. Tausende Bürger von Alcoy, die Alcoyanos, übertönen die Kapellen. »Nostra festa ja cridant-nos està«, singen sie auf Valencianisch, etwa: »Schon ruft unser Fest«. Der Festhistoriker Rolf Neuhaus erzählt, wie sich in den Straßen jedes Jahr am 21. April Hundertschaften von Männern formieren, die die ganze Breite der Straße einnehmen, dicht an dicht, Schulter an Schulter, die Arme vor der Brust verschränkt, Wände aus Körpern, die im Trippelschritt vorrücken. Vor diesen Schwadronen stolzieren Korporale, die mit Säbeln und Äxten vorpreschen, Arabesques beschreiben und wieder zurücktänzeln. Alle lächeln und lachen, als wollten sie den militärischen Charakter mildern. Sie tanzen so den Einmarsch der maurischen und christlichen Truppen, Filaes genannt. Danach versammeln sich alle in ihren Klubhäusern zur Nit de l'Olla, zur Nacht des Kochtopfs. Diese Häuser sind theatergroß, Paläste mit großem Saal unter bemalten Glaskuppeln. 28 Filaes gibt es in Alcoy, in denen Politik und Wirtschaft der Stadt bestimmt werden. Wer keiner der Filaes angehört, zählt nicht zur Gesellschaft. Hier gilt der Tanz als ein die Stände einigendes Mittel. Hinter, vor und zwischen den Tischen stellen sich die mit Kaffeelikör gestärkten Männer wieder in Reih und Glied und trippeln auf der Stelle, 80-jährige Veteranen neben ihren Söhnen und Enkeln – alle verfallen einem kollektiven Tanz zu Paso doble und Märschen mit orientalischen Elementen.

Gefeiert wird der 1276 niedergeschlagene Aufstand der Mudéjares, der unter christlicher Herrschaft lebenden Mauren unter ihrem Anführer Alazraq. Der fiel am 23. April 1276 vor den Toren Alcoys durch die Hand des heiligen Georg. Um diesen Sieg zu zeigen, verkünden am Morgen des 22. April Fanfarenstöße und Trommelwirbel den Einzug der christlichen Truppen. Standartenträger mit aufgerichteten Lanzen gehen dem Capitán, dem Hauptmann der Christen, prächtig kostümiert voran. Auf der Plaza de España empfängt er die Schlüssel der dort aufgebauten Burg aus Holz. Sein glanzvolles Gefolge bilden tanzende Christinnen, verschleierte maurische Sklavinnen und mit Bogen bewaffnete Amazonen, deren Anführerin von einem Dutzend Dienern auf einer Sänfte getragen wird. Dahinter marschieren die übrigen christlichen Filaes: die Aragonesen und Asturier, die Basken und Navarrer, die Truppen des Cid und des Guzmán. Ihr Einzug symbolisiert das Zusammenziehen der Streitkräfte spanischer Stämme, die an der Reconquista, der Wiedereroberung der arabisch besetzten Gebiete, teilnahmen. Die Mauren ziehen ähnlich aufwändig durch die Stadt: Verschleierte, mit Schmuck behängte Bauchtänzerinnen, Emire auf Araberpferden mit wehenden Umhängen, ein Wagen mit Haremsdamen und Eunuchen, afrikanische Stammeskrieger und Geisterbeschwörer. Es ist ein »Trionfo« mit Schwerter-, Säbel- und Stocktänzen und einem »Schweizer Tanz« mit Piken und Hellebarden.

Entstanden ist das Fest erst 1609 anlässlich der Ausweisung der Morisken aus Spanien, der unter Zwang zum Christentum bekehrten Mauren. Es gipfelt am dritten Tag im Kampf der Christen und Mauren mit blanken Waffen, Mann gegen Mann. Die ganze Stadt prügelt sich prächtig, beißender Pulverdampf liegt über den Plätzen, bis schließlich der heilige Georg, ein als römischer Soldat verkleideter Junge auf einem Holzschimmel, erscheint, Pfeile in den Himmel schießt und so die Schlacht entscheidet.

Kriege tanzen

Dieses Maurenfest entstand mit der Vertreibung der Morisken (die bei uns als geschnitzte Tanzfiguren überlebten). Gefeiert wird einerseits ein Akt des Fremdenhasses, andererseits ist es auch eine

Abwehr aller Versuche, das Fest in die christliche Ordnung der Prozession umzulenken. Die Christen haben gewonnen, also wäre ihr Sieg eine Prozession gewesen. Mit einer Maria auf der Schulter hätte es wie ein Triumphzug ausgesehen. Stattdessen spielen die Alcoyanos eine Schlacht, um den Sieg einer von zwei gleichstarken Parteien zu zeigen. Laut Johann Christian Lünings 1719 aufgeschriebenem »Theatrum Ceremoniale Historico-Politicum« bilden die »Trionfi« eine »ordnende Lebensform der gefallenen Menschheit in einer chaotischen Welt.« Zu Lünings Zeiten waren die Schlachten selbst in Reih und Glied geordnet, genauso wie der auf sie folgende feierliche, prozessionsartige Triumphzug. Krieg war eine Herrschaft sichernde Ordnung. Die Ordnung selbst galt als Bedingung zum »gerechten« Sieg. Das war im Krieg gegen die Mauren anders. Nicht Ordnung, das Chaos eines Partisanenkriegs brachte den Sieg. Ordnung wurde durch die Ausnahme von der Ordnung hergestellt. So wird auch das Fest als vermeintliches Chaos begangen. Nicht Ordnung, umgekehrt, das Zulassen von Chaos ist sein Ausdruck von Souveränität.

Regensburg

Ähnliches erlaubte sich auch die christliche Herrschaft, wenn kein Krieg herrschte. Von Zeit zu Zeit ließ der Adel Wein und Bier ans Volk ausschenken. Dann kamen »die vornehmen Personen in Kutschen zu diesem Schauspiel (auf den Marktplatz) und belagerten die Fenster aller benachbarten Häuser, um die Freude und Geschäftigkeit des Volks zu beobachten«, heißt es in einer Beschreibung aus Regensburg von 1682. Wie in einer Loge überblickten die Reichen das Treiben der Schutzbefohlenen. Man ordnete sie nicht, sondern ließ sie kleine Kunststückchen machen. Willkürliches entzückte das Auge, Feuerspeier, Akrobaten, Bänkelsänger waren das Jahrmarktsereignis. Der Blick übersah wie auf Bildern von Pieter Brueghel eine Landschaft der Festlichkeit. Und es gefiel dem Volk sehr wohl, dass – hinter Fenstern – die Regentschaft anwesend war. Es spürte ihre Aufmerksamkeit, es »spielte« Volk, tanzte, trank, und wird sich auch getraut haben, den einen oder anderen Händel, Streit, das Unrecht dargestellt zu haben. Wo Wein fließt, ist auch Wahrheit.

Zurück nach Alcoy

Sein feierndes Volk ist eine touristische Sensation. Das öffentliche Tanzen lockt Scharen von Fremden, die sich den theatralen Ausnahmezustand der Bevölkerung gern aus sicherer Distanz anschauen würden. Aber nicht in diesem Gedrängel. Denn inmitten der Trunkenheit werden schubsend offene Rechnungen beglichen, ordnen sich die fein austarierten Hierarchien in der Bürgerschaft neu, was man so nicht sehen kann. Wie man überhaupt nicht alles sieht, sondern hierhin, dorthin getrieben wird, sich auch in Gassen verläuft, in denen gar kein Fest stattfindet. Während so die Bürger, als Souveräne des Fests, ihre Standpunkte unter sich ausmachen, verliert man seinen eigenen. Man ist verirrt, ein Mitläufer, immer in Sorge, etwas zu verpassen.

Und sofort ist sie da, die Sehnsucht, ein Gast des Regensburger Adels zu sein, um das Ganze mit Distanz »wie ein Theater« ansehen zu können. Zumal der Verdacht keimt, dass in jedem Fest sowieso ein unsichtbarer Souverän steckt, der die Geschicke des Fests so lenkt wie die Eltern einen Kindergeburtstag; vielleicht adelige oder klerikale Souveräne, oder finanzkräftige wie die Fürsten von Medici, die rauschende Feste in Florenz veranstalteten – oder ein Künstler wie Jacques-Louis David als Festchoreograf, der im Sommer 1793 vorschlug, die Französische Revolution als Fest der »Verbrüderung aller Franzosen« zu feiern, und dessen verantwortliche Könnerschaft das Fest bis ins Detail gestaltete. Choreografie meinte schon im Barock die gesamte Leitung des Fests, inklusive Feuerwerk und Wasserspiele: geplant und durchgeführt von einem Fest-Macher. Anders als in Alcoy, wo jede Familie das Wissen hat, wie über Generationen die Navarrer oder die Sarazener kostümiert werden, und was jede »Truppe« im Einzelnen tanzt und welchen Weg ihr Zug geht.

Aber man stelle sich für einen Moment das Fest von Alcoy tatsächlich als Theater vor. Man stelle sich vor, all der teure Bombast sei nur eine Vorführung für Touristen. Die traditionellen Riten des Fests wären durch den Choreografen, der nun die Trippelschritte, die Auftritte und Keilereien inszeniert, sämtlich in Richtung auf und für das Publikum geordnet, das an einem bestimmten Ort der Stadt sein Entrée gezahlt und sich so ein Recht aufs Sehen erworben hätte, damit es nicht mehr beteiligter Zeuge, sondern adressierter König wäre. Nach dem Regensburger Bericht würde aus dem Souverän des Bürgers von Alcoy nun ein Knecht, der seine

Rolle als »Volk« zu spielen hätte. Und aus dem Zuschauer würde ein Souverän, der es nicht mehr nötig hat, dem irritierenden Treiben selbst anzugehören, sondern ihm nur noch beiwohnt. Die Macht der Männer und Frauen von Alcoy verschwände also restlos zu Gunsten der Touristen, die vom Choreografen fordern würden, die drei Tage gefälligst auf drei Stunden zu reduzieren und das wirre Spiel so zu ordnen, dass man endlich verstünde, worum es in diesem Chaos überhaupt geht. Das ist: die Geburt des Balletts. Es simuliert nur mehr das Fest und zeigt dem König seine entzückende Anmut.

Ein Tausch

Alle Ordnung, das ist nichts Neues, richtete sich an einen Dritten: den König, Zuschauer, Gott. Im Theater sitzen sie gleich ordentlich in einer Reihe – für sie wird gespielt. Aber nicht gefeiert. Das ist ein blütenzarter Unterschied, eigentlich so hauchfein, dass man ihn kaum sieht. Die Forderung im Gedankenspiel zum Fest von Alcoy oder auch zum Fernsehspiel vom Karneval in Köln muss bloß lauten: Feiert für den Souverän. Schon ist aus dem Fest ein Theater geworden. Die rheinischen Prunkwagen ordnen sich neu: aus dem alten Demonstrationszug wird ein ordentlicher Triumphzug. Aus dem Witz der Bürger wird fernsehtaugliches Büttentheater. Aus dem Aufmarsch der Christen und der Mauren in Alcoy wird eine Parade. Und wo etwa das Fernsehen in Köln und der Tourismus in Alcoy sich als neue Souveräne ins Spiel bringen, läge es da nicht zu nah, dass beides, Fernsehen und Tourismus, auch ihr Missfallen über das vermeintlich an sie adressierte Festspiel äußern dürften? Tatsächlich wetteifern die Schauwagen des Kölner Karnevals um Sendesekunden im Fernsehen, tatsächlich erntet Alcoy sein Vermögen von den Touristen mitten in der Hochsaison im milden April.

Und wo ist das Problem? Der neue Souverän ist immer noch der Bürger selbst. Er verkauft Fernsehrechte und Hotelzimmer, wie je. Zugleich gehört er auf die Seite des feiernden Volks: als sein Mäzen. Zugleich amüsiert ihn sein eigenes Treiben. Was also verwirrt den Bürger wie zu Schulzeiten in Köln, als die Klasse sich zweiteilte: pro und contra Karneval? Das Fest ist nicht mehr eins, das Fest ist nicht mehr seins.

Die Vertretung

Die Fiesta de Alcoy war solang kein Theater, solang die Zuschauer fehlten. Kein Fremder schaute dem aufwändigen Treiben und dem Spaß der Bewohner zu, nicht als ihr Souverän. Der zwölfjährige Bub auf dem Holzpferd, stolz wie Oskar, weiß selber bloß vom Hörensagen, wer der heilige Georg war. Er stellt ihn nicht dar wie im Theater. Er spielt ihn, mit heiligem Ernst. Er soll das Fest ernst nehmen, er spürt den prüfenden Blick seines Vaters. Dieser Blick, der ihn stolz macht, bleibt auch erhalten, sobald eine Tribüne aufgebaut wird, auf der die Touristen Platz nehmen. Denen flüstert ein Fremdenführer zu, dass der Junge, was man nicht ohne Weiteres sieht, den heiligen Georg darstellt. Der Flüsterer stört, weil er sehr laut flüstern muss, damit ihn alle verstehen. So tritt der Vater selbst vor die Tribüne, die er wie ein Tribunal empfindet, und erklärt das Ganze dramatisch. Schon trabt der Junge als Heiliger Georg heran. Nur die Zuschauer sehen das nicht so dramatisch. Da fordert der Choreograf, dass der Junge ein echtes Pferd bekomme und es im Galopp von links nach rechts reiten soll. Als er es tut, beginnt es zu regnen. Die Zuschauer ziehen um in die Holzburg. Ein geöffnetes Fenster zeigt die Stadt als Kulisse. Das Orchester, das keinen Platz mehr hat, verschwindet in den Graben. Der Choreograf will, dass der Junge das Pferd zum Takt der Musik reitet. Damit das Volk der Zuschauer endlich auch so jubelt, wie das Volk einst sich selbst auf dem Fest bejubelte. Und »geradeaus« soll der Bub schauen, ruft der Regisseur, der sein Vater nicht mehr ist. So ist aus dem »heiligen« ein Ernst, und aus dem »Schauspiel« eine Schau geworden. Das ist die Geschichte des Theaters.

Der Bürger

sagt: »Na und«. Sein Fest ist nun sein Theater. Und besser noch: Endlich kann er seine zuvor aktive Position auf dem Fest mit einem Stellvertreter tauschen, mit einem Tänzer oder Schauspieler auf seiner Bühne. Diese Bühne lässt er fördern und fordert dafür von ihr, was er zu sehen wünscht. Oder auch nicht, denn er ist nicht länger der Tradition verpflichtet, dieser kostspieligen Verausgabung eigenhändig nachzugehen und sein Geld etwa in den Bau der Holzburg zu stecken, in die Neukostümierung seines Nachwuchses sowie ins Auffahren von Essen und Trinken. Jetzt ist er im Gegenteil der Buchhalter, der dieses Theater von derselben Ferne aus betrachtet wie sein eigenes Geschäft: als gewinnstrebendes Unternehmen mit angestellten Vertretern seiner verlorenen Mühe, nun selbst nicht mehr singen, spielen und tanzen zu müssen. Er muss es nicht mehr können. Es lockt ihn, seine Kultur, die er längst an die Stadt als Stadttheater und an deren Buchhaltung abgegeben hat, ganz zu erübrigen, weil er diese Kultur nicht mehr verstehen muss, schlicht, weil er sie nicht mehr feiert. Feierliche Verluste macht er fortan lieber auf dem Sportplatz, trauert über den Abstieg seiner Mannschaft und macht sich ein Fest über jeden Punktsieg. In diesem Spiel findet er wieder, was er ans Theater verlor: seine Teilhabe am Spektakel.

Gegen das Fest

nahm sich der Bürger auch ein, weil jedes Fest einen Zwang bedeutet. In Alcoy und im alteingesessenen Rheinland muss er feiern – auf Distanz kann er nicht gehen, will er dazu gehören. Was für das Theater vor gut zweihundert Jahren noch ebenso galt wie für den Kirchgang, war die eigene sichtbare Anwesenheit innerhalb der Bürgerschaft. Denn alle Feiern sind kollektive, also ein Zwang. Auch Theater funktionierte nur durch erzwungene Anwesenheit. Wo ist der Unterschied?

Noch 1956 irrte der Kritiker Siegfried Melchinger, dass das Theater »ein Fest ist, das sich die Gesellschaft selber gibt« (er meinte das Theater als die Feier der klassenlosen Gesellschaft, weil jeder Zutritt habe zu ihrer Kultur). Dabei ist dieses Theater längst das Gegenteil von einem Fest: Ein paar Stunden in enge Sitze gekeilt, die der Körpergröße früherer Generationen entsprechen, hockt man hier mundtot und zu einem Zeitpunkt, da normale Menschen zu Abend essen: So simuliert das Theater den Leidensdruck einer hungrig harrenden Gesellschaft. Stumm sitzen wir über einem Spiegelbild von Gesellschaft, wie vor Gericht. Ist das die aufgeklärte Versammlung mündiger Bürger? Und: Hat es sich gelohnt, das Fest ans Theater zu verraten?

Moment mal

Stimmt es, dass das Theater sozusagen das Surrogat, die zum Brausepulver getrocknete Essenz des einst flüssigen Fests ist? Die

23

Ordnung des Dramas statt des Chaos inmitten der Riten eines Fests? Die Festschreibung einer Handlung statt des wilden Spektakels einer sich jahreszeitlich wiederholenden Trink- und Tanzveranstaltung?

Kam einmal, lang ist's her, eine Gauklertruppe durchs Land, empfing man sie auf den Dörfern wie zu einem Fest. Und gab es in der Stadt ein neues Opernstück, eine neue Sängerin, tummelten sich die Leute natürlich im Theater. Es bildete, wie das Fest, ihren sozialen Mittelpunkt. Das Theater war zudem der einzige Feierabend, den andere gestalteten. Wir mussten nicht mitmachen, nur dabei sein. Wir mussten uns nicht verkleiden oder eine Rolle spielen oder Rituale und Lieder selber kennen. Das erledigten andere. Eine Erholung, die ein Geschäft war für die Theaterunternehmer. Ihre beste Zeit erlebten sie am Ende des 19. Jahrhunderts. In den Großstädten entstanden Revuetempel wie das Berliner Metropol-Theater. Dahinter stand eine hohe Gewinne erwartende Aktiengesellschaft, die bis zum Ausbruch des Ersten Weltkriegs kaum etwas anderes im Programm hatte als Divertissements und Revuen, Modetänze und Kopien der Folies Bergères, Ballett-Travestien und Grotesktänze. Dieses Theater folgte tatsächlich einem Surrogat der Festkultur. In einer schnell wachsenden Großstadt, wo kein regulärer Karneval, keine Hochzeit der Gemeinschaft, kein trinkfreudiges Schützenfest die Bürger mehr eint, die von überall her zugezogen waren, kaschierten diese geschäftstüchtigen Theater den Mangel an traditionellem Fest und Tanz durch fantasievolle Bälle und achteten schon in der Architektur nicht nur auf gut gefüllte Zuschauersessel. Sie schauten auch darauf, dass die Herren und Damen in einem riesigen Rundgang ums Parkett jederzeit, auch während der Vorstellung, konsumierten. Der Theatereingang war ein gewaltiges Restaurant. Es gab zahllose Logen, sogar 120 Hotelzimmer, und dazu passend – wie es Guy de Maupassant für das Pariser Vaudeville in seinem Roman »Bel Ami« beschrieb – jede Menge Damen: »Wie ein sehr dünner Nebel verschleierte Tabakrauch ein wenig die weiter ab liegende Bühne und die andere Seite des Theaters. Und da dieser leichte Dunst unaufhörlich in zarten, weißlichen Fäden aus allen Zigarren und Zigaretten aufstieg, die alle diese Leute rauchten, ballte er sich an der Decke zusammen und bildete unter der breiten Wölbung um den Kronleuchter herum und oberhalb des ersten Rangs einen rauchbewölkten Himmel. In dem weitläufigen Eingangsflur, wo das aufgeputzte Dirnenvolk umherstreicht und sich in die dunkle Schar der Männer mischt, erwartet eine Frauengruppe die Ankommenden vor einer der drei Theken, hinter denen geschminkt und glanzlos drei Verkäuferinnen von Getränken und Liebe thronten.«

Was sieht Maupassant?

Ein Theater, das wir längst nicht mehr kennen. Einen Club beschreibt er, in dem nur der DJ fehlt. Dafür gab es Live-Acts, Raucher, Prostitution. Die Hotelzimmer waren in Paris wie in Berlin nicht nur dazu da, Angereiste nach durchzechter Nacht zu verstauen. Maupassant beobachtet ein Fest, das keins mehr ist – ohne Geld war hier kein Vergnügen. Ein Theater beschreibt er, das noch keins geworden ist. Die Aufmerksamkeit war auf die Bühne nicht deutlicher gelenkt als auf die Umstehenden. Jeder bestaunte jeden. Es fehlte nur der festliche Anlass. Allenfalls das Programm der Bühne machte sich daran, den Sinn des Abends zu skizzieren. Hier gezeigte Divertissements waren bewusst aber nur Zerstreuungen. Keine Konzentrationsübungen. Dieses Theater war wie ein lustiges Fest restlos von einem vagen Begehren besetzt, ein erotisches Abenteuer zu erleben, um mit Freunden in eine Masse abzutauchen, die das Gleiche will: eine Schaulust genießen, die noch nicht restlos der Bühne gehört. Besonders reizvoll war die Auseinandersetzung mit den Zensur- und Polizeiverordnungen, die sich als starke Gegner aufspielten dieser als Modenschau getarnten Tänze samt allegorischen Massenchoreografien für achtzig Tänzerinnen mit so herrlichen Titeln wie »Evas Vermächtnis«. Das sollte doch geeignet sein, dem Publikum eher den Atem stocken zu lassen, als ihm den Mund zu verbieten. Das Fest im Theater, es ging gegen die bürgerlich strengen Werte. Wie sehr man diese kommerziell erfolgreichen Tanztempel jener Zeit fürchtete, zeigte sich beim Bau der Frankfurter Alten Oper. Von der finanzierenden Bürgerschaft wurde dafür gesorgt, dass die in solchen Tempeln anrüchig genutzten Logen in ihrem Haus aus der Planung verschwanden und gegen ordentliche, offene Ränge ausgetauscht wurden.

Der Bürger sollte nicht mehr reizen und verführen, höchstens schön sein und sich gefallen. Er sollte nur noch gleich sein, gleich sitzen und den gleichen Blick auf etwas haben, das er als Kunst erkennt. Nicht als Fest. Im Namen der Gesellschaft und der Kunst bemächtigte sich die moralisch empörte Bürgerschaft der wilden Theaterrevue durch besänftigende Subvention. So blieb nur ein mickriges Pausenbuffet statt permanenter Großgastronomie, ein Rauch- und Speiseverbot im Theater statt einer galanten Clubatmosphäre, und ein vermeintlicher Kunstanspruch als Ersatz für jedes andere Vergnügen, das rigoros aus den Theatern vertrieben wurde. Aus dem Fest des Theaters wurde – ein Hohn – das Festspielhaus, das nichts als gleichsam religiöse, beinah klerikale Verehrung der Kunst verlangte.

Noch mal

Stimmt das? Ist das Theater je die Überwindung des Fests gewesen? Wurde das Theater dazu missbraucht, das Volk zu spalten: in sein begehrliches Amüsement, das auf dem Fest seine Liebeshändel einfädelt? Um es dann genau aus diesem Grund aus dem Theater zu verscheuchen, das – architektonisch nicht zufällig der Kirche aufs Komma gleichend – allein dem Priestertum der Aufklärung zu dienen habe? Wurde die Kunst des unterhaltsamen Fests, von dem wir nie wieder sagen konnten, auch dort gebe es Kunst, ganz auf die andere Seite der ernsten Andacht an eine Kultur gestellt, die wie ein politischer Traum in eine unbestimmte Zukunft zeigte? Wurde das Theater ein utopischer Ort zu dem Preis, dass es die Lust des Volks daraus vertrieben hat?

Verblendungen

Das Fest, unterstellt man, reflektiert nicht über sich; Theater dagegen klärt auf. Man darf dies so wörtlich wie möglich nehmen, aus der Sicht des Zuschauers, der über das Fest in der Altstadt von Alcoy stolpert, dem er ausweicht, während die Schau im Theater nun die Aussicht klärt und sich wie von selber deutet. Als Stück, eben Stückwerk des vormaligen Fests. Endlich ist die Orientierung klar. Der Zuschauer schaut dorthin, wo er nie Gefahr vermuten muss: nach vorn.

Es ist die Ordnung des Blicks geschaffen. Sieht man aber – seit Freiherr von Knigge ist das verpönt – über die eigene Schulter zurück, hinter sich, die Tribüne hinauf, in die Ordnung der geschlossenen Reihen, ahnt man das Spiel dieser Manipulation. Es ist dieser nur in eine Richtung starrende Blick, der die Feier tötet. Es ist ein massenhafter Blick, vor dem sich der Schauspieler schützen muss. Die Maske und das Kostüm sind seit Urzeiten probat, um die Person, den hinter der schützenden Maske hervor tönenden Menschen, in seiner Integrität zu erhalten. Im Karneval haben Maske und Kostüm genau diese Funktion. Sie schützen vor dem entblößenden, bloßstellenden Blick.

Krefeld

Wir haben uns geschminkt. Wir haben eine Perücke gefunden und sie als einen Hut aufgesetzt. Ein buntes Flickenhemd hat Bruni Encke gereicht. Die Manipulation ist gering. Etwas Farbe und zwei Utensilien, und wir dürfen wieder rein, dort, wo das Fest tobt, die Schenkel springen, das Bier fließt, die Mäuler jauchzen. Wo es schwerfällt, die Freunde zu entdecken. Wo alle, die ich als Personen kenne, durch die Maskerade zu Menschen geworden sind. Ein Haufen, der tanzt. Lauter Gleiche, die sich küssen, scherzen, begrabschen. Deren Körper mit Maske sehr viel durchlässiger sind, als ohne. Weil sie mit dem Anlegen der Maske die Scham ablegten, von sich selbst erlöst, um in ein frenetisches kindhaftes Strahlen und halb irres Versunkensein auszubrechen, die der Rausch der Gemeinschaft ihnen gewährt.

Die Maske ist der Mensch. Sie anlegen heißt: Ich bin bereit zum Fest. Sie abzulegen: Ich bin es nicht. Im Theater der Antike trugen nur die mitspielenden Götter keine Maske. Weil ihr entblößtes Gesicht dem Gott des Theaters entspricht: dem Publikum, das sehr spät aber klug von Richard Wagner maskiert wurde. Seither sitzen die Zuschauer im Dunkeln und linsen aus dem Verborgenen. Erst als sie in die Finsternis verbannt waren, konnte sich das Gesicht der Schauspieler entblößen. Nicht ihr Tanz, ihr Gesang und andere Maskeraden, die sie von profanen Personen unterschieden, mussten sie noch schützen. Jetzt erst, als die Tänzer und die Schauspieler vom Dunkel des Theaters, vom Vorhang, vom blendenden Licht allein gelassen worden waren, kamen auch die Intimsphäre, das Private, die Nuancen des Individuums auf die Bühne. Erst jetzt konnte der heilige Georg unmöglich länger nur zwölf Jahre alt sein. Der effektvolle Reiter wurde umgebaut zu einer subtil an Ecken und Kanten gefeilten Persönlichkeit: zum Eben- und Vorbild des Bürgers, der sich auf dem Spielplatz des

Fests sonst ganz sicher nicht mit dem Lausbub aus gutem Haus identifiziert hätte.

Weggeblendet

ist der Zuschauer. Verbannt in eine quasi außerirdische Position. Sein tiefer Glaube an die Bühnenkante lässt ihn zurückweichen. Eine unsichtbare Grenze ist gezogen auch zu den kleinsten Bühnen. Noch dort, wo die Zuschauer unmittelbar zu Füßen der Tänzer vor der ersten Sitzreihe kauern, heißt es: bloß keinen Schritt weiter. Der Ort der Bühne ist heilig. Diese imaginäre Grenze, der Rahmen der Bühne, trennt alles, was im Fest noch zusammengehört. Ein dem Altar oder der Kanzel nicht unähnlicher Bühnenort ist geschaffen, der sauber teilt. Der statt einer wirklichen Teilnahme, also einer körperlichen, eine nur noch denkbare Realität durch stille Affekte schaffen will. Denn was, außer sich etwas zu denken, vermag das Publikum hier noch? Das Theater stellt den Körper still, und die Körper, die sich noch bewegen, auf der Bühne, verkörpern etwas anderes. Durchaus im Sinn von ver-stehen. Also nicht stehen. Tanzen. Doch noch.

Teilhabe

heißt der Schlüssel. Teilhabe heißt im demokratischen Wortsinn nicht Teilnahme. Sondern die Macht abzugeben an einen anderen, einen Besseren, einen Erwählten. Hier spielt die Kunst des Theaters Politik. Die Kunst des Tänzers, Sängers, Schauspielers kritisch zu bewundern, sei nun ebenso ein Akt der Volkssouveränität, wie einen gewählten Politiker und seine Politik zu bewundern, natürlich kritisch. Theater simuliert die Politik, um so zu tun, als habe es selbst politische Bedeutung, um teilzuhaben: nicht zuletzt an der öffentlichen Förderung. Ein Fest dagegen bedeutet direkte körperliche Teilnahme. Nur eine Teilhabe am Fest wäre bereits eine zu kritische Distanz zu seinem Anlass und seinen Mitwirkenden. Wer je nüchtern übers Oktoberfest zog oder den Gastgeber nicht kannte, dessen Geburtstag gerade gefeiert würde, kennt das entwürdigende Gefühl.

Der Zwang, teilnehmen zu müssen, ist peinlich. Es beginnt schon mit der Prozession der katholischen Gemeinde, die als Unterwerfung unter die Kirche nicht nur alle ausschließt, die mit ihrem Ritus nicht einhergehen, sondern die auch von denen, die die Prozession begehen, eine vollkommene Einheit mit der gefeierten Ideologie verlangt. Dass das Fest seine Teilnehmer zwingt, sich unter ein unsichtbares Drittes zu beugen: Gott, oder austauschbar, unter den Flow eines Raves oder unter ein bestimmtes Deutschtum während der restlos choreografierten Prunkmärsche und -sitzungen des Nationalsozialismus, dieser Zwangscharakter macht das Fest so verwundbar. Der gute Mittelweg wäre doch, nur Teilhaber zu sein, nicht Teilnehmer, am Rand, Fähnchen schwenkend. Unverbindlich applaudierend. Als distanzierter Augenzeuge. Nicht mehr. Alles andere ist verdächtig. Mitmachtheater.

Immer Feste Glauben

Die Mehrheit

feiert nicht, sie hat auch keinen Anlass dazu.

Unsere Geizökonomie, hervorgerufen durch die politische Penetranz der steuerlichen Teilhabe, kappt die kulturelle Wurzel der Freigebigkeit und Verschwendung.

Die voyeuristische Überwachung und die ständige Einmischung in unsere Angelegenheiten aus manischer Vernunft kappen die Wurzel der Freiheit und Freizügigkeit – beide waren mal Bedingungen für das Fest.

Eine Festkultur und die herrschende Kultur der Sicherheit sie sind völlig unvereinbar. Denn das Fest kann nur eine zeitweise Rebellion, ein Aufstand sein gegen diese Überwachung, die Ordnung. Aber das ist gegen das Gesetz.

Also verschwindet das Fest. Weil das Fest das Gesetz verunglimpft, den Körper versehrt im Suff, verletzt, lärmt wie ein hässlicher Eingriff in den Menschen und seine Umwelt.

Das ruft das Ordnungsamt auf den Plan, um sich dem Fest entgegenzuwerfen. Wo immer das Fest noch stattfindet, im kleinsten Kreis, ist Blaulicht vor Ort. Die Rettung der Kinder vor dem in Trance und Besinnungslosigkeit gefallenen Erwachsenen gilt als erste Bürgerpflicht.

Ohnmächtiger Exzess

vor allem bei den Armen. Vor lauter Aufklärung für die Gerechtigkeit und die Vernunft ist man blind für die Unterdrückung und die Gewalt, die stattfindet, wenn man keine Ausnahme mehr zulässt. Weil man denen, die keinen Anteil haben, das Fest nicht gönnt. Es bricht spontan aus, als Schlag über die Stränge, den jeder kennt, ein Aufstand gegen die Vernunft und die Ordnung, von dem man hofft, er gehe folgen- und gefahrlos von selbst wieder vorüber. Er geht auch vorbei, denn jedes Fest hat ein Ende. Aber man tut so, als könnte der Rausch des Fests endlos währen, als würde das Fest die Ordnung nicht unterbrechen, sondern sie aus den Angeln heben.

So gilt, jede Gewalt, auch die des Fests, im Keim ersticken zu müssen. Die Wut muss aus dem Fest entlassen werden. Das ist die Forderung, die auf dem Tisch liegt auch bei denen hier: einem Komitee für das Straßenfest seiner Anwohner.

Vor uns liegen die zu beachtenden Vorschriften seitens des Ordnungsamts. Sie sind so beachtlich, dass man jede Hoffnung auf ein Fest fahren lassen kann. Statt einer kathartischen Reinigung ist für die Entsorgung eine Gebühr fällig. Wer Jugendliche zum Feiern verleitet, weist das Jugendschutzgesetz von sich und wird dafür büßen. Die »Entwidmung« der Straße als Verkehrsweg kostet den Preis einer Drehgenehmigung.

Das alles ist nur durch die »Mithilfe« ansässiger Händler und Wirte zu bezahlen, falls wir einverstanden wären mit deren Forderung nach Konkurrenzausschluss. Soll heißen: Wie dürfen keinen selbst gebackenen Kuchen mitbringen. Keinen Anteil haben. Als wir einverstanden nicken, redet man von einem »Eventgeschäft«, jemand flötet »win-win«. Bei diesem Stichwort hat die Ärztin am Tisch das Wort, um das Gute, das man sich tut, durch etwas Gutes, das man außerdem noch tun könnte, zu vermehren.

Die Ärztin

sagt trocken, dass die Mehrheit keinen Anteil haben wird, darum nicht erscheinen werde auf diesem Fest. Sie spricht von Edgar, der eine verbrannte Gesichtshälfte hat und Zigarren raucht. Weil das den doppelten Ekel seiner Mitmenschen erregt, geht er nicht mehr aus. Nur zum Supermarkt, einmal die Woche. Diesen Besuch schiebt er hinaus, solang noch eine Nudel im Haus ist.

Sie spricht von Moni, die allein trinkt, weil sie sich umbringen möchte, es ihr aber nicht gelingt. Ihre Wut sei zu stark, oder der Alkohol zu schwach.

Die Ärztin sagt, am schwersten sei es, diese Menschen überhaupt zu finden. Sie machen sich unsichtbar, entschließen sich, das Leben auf wenigen Quadratmetern einzurichten, »weil sie nicht richtig sind.« Sie zwingen sich in die Sesshaftigkeit, in die Ordnung der Bürger, in dem sie die Straße nicht mehr betreten. Das erinnere sie an ihre Zeit, als sie für die Entwicklungshilfe in Afrika unterwegs war.

»Wenn man nicht gerade in einem Flüchtlingscamp arbeitet, wo Tausende dasselbe Schicksal teilen, ist es für das ungeübte Auge schwer, das Elend zu entdecken.« Es wird versteckt. Kinder mit erheblichen Behinderungen, Geistesgestörte, die Unzahl der Aids-Siechenden, die in kein Hospital gelangen. Sie leben im Dunkeln, hinter Zäunen, bewacht von einer Gesellschaft, die nichts mehr fürchtet als deren Sichtbarkeit. »Wie bei uns nur Angepasste auf die Straße gehen. Oder Unglückliche, die sich auf der Straße ihr Glück erhoffen. Die anderen leben freiwillig oder unfreiwillig hinter Gittern. Ihre Gewalt richten sie gegen sich selbst. Nur wenige werden so auffällig, dass sie in genau die Verwahrung kommen, in die sie sich längst selbst eingeliefert haben. Nur ab und zu wird was bekannt. Wie die alte Frau neulich drei Wochen nach ihrem Tod in ihrer Wohnung gefunden wurde. Sofort heißt es: Warum hat sich niemand um sie gekümmert? So als wäre nicht mal die eigene Wohnung unverletzlich. Die Hatz geht um. Die Kümmerbürger sollen sich gefälligst um ihre Kummerbürger kümmern.« Sie lacht, und das Komitee will mitlachen.

»Aber was sollen die Bürger tun? Ein Straßenfest ausrichten?«

Also was?

Niemand, nicht in Afrika und nicht in Europa, hält etwas davon, dass diese Anteillosen sich gesellschaftlich generieren, eine politische Stimme erhalten. Oder Kinder bekommen, die in diesen Verhältnissen aufwachsen. Weil sie, freiwillig oder nicht, gegen das Gesetz der Körper verstoßen, das noch weit über allen dreißig Menschenrechten steht.

Dieses Gesetz der Körper verlangt, dass alle nach gleichen Voraussetzungen leben. Das setzt einen gleichen Körper, einen gleichen Geist voraus. Wo immer es daran mangelt, ergeht der Imperativ, gleich zu werden, damit die Menschen gleich bleiben: vor dem Gesetz.

Ein Indianer ist der falsche Körper, er ist zu integrieren in das Gesetz, das ihm sehr genau seine Anpassung an unsere Ordnung beschreibt. Dann darf der Indianer, der Herkunft halber, sogar Indianer bleiben, solang er einer von uns sein wird: Winnetou. Das ist das Wesen des Gesetzes. Es sagt:»Unser Körper ist unsere Ordnung.«

Bemerkenswert auch, mit welcher Geschwindigkeit es möglich ist, aus einem vormals guten einen sündigen Menschen zu machen, dessen Schuld allein seine Renitenz gegen die Ordnung der Körper ist. Wie eine alte Frau, die sich nicht pflegen lässt. Sie fällt aus der Ordnung wie ein Blinder, der nicht lesen lernen will.

Außer Kraft

In Wahrheit verrückt das Gesetz nur, erklärt, was in der Ordnung sichtbar bleiben darf. Die ungepflegte Alte und der renitente Blinde, der rückwärts gewandte Indianer und die Raucher verschwinden aus dem Blickfeld. Das Gesetz generiert lauter Unsichtbare. Nur dass das Gesetz sagt: Nicht das Gesetz ist Schuld, weil ein Gesetz nicht Schuld sein kann, denn es ist ja das Gesetz. Die Schuld verbleibt so immer bei dem, der die Ordnung nicht mitspielt.»Selber Schuld«, sagt der Bürger.

Die alten Autos, jetzt verboten, verkaufen sich aber prächtig hinter den Ural. Dort fahren sie weiter, wie die Raucher hinter den sieben Bergen rauchen, und die Indianer nur dort weiter Indianer sein dürfen – wie auch die Kinder den Unsinn der Kinder eben heimlich anstellen. Verständig nicken sie der Welt zu. Wenn aber keiner hinsieht, feiern sie das Verständnislose, den Suff, die Gewalt, den Terror. Sofort macht sich»unsere Ordnung«, das Gesetz, ernste Sorgen. Überwachen, sagt es und will, dass die Mehrheit diese Feier des Suffs, der Gewalt, des Terrors nicht aus den Augen verliert. Das Gesetz verpflichtet zum Hinsehen. Die Überwachung solcher ausnahmslosen Ordnung ist Bürgerpflicht. An die Stelle der sozialen Überwachung – wie sie jedes Dorf betreibt, sie aber in seinen Festen regelmäßig außer Kraft setzt – tritt die Ausnahmslosigkeit der Totalbewachung.

Totalbewachung heißt: Keinem Gesetz ist mehr zu misstrauen als einem, das sich Ausnahmen erlaubt. Ein Gesetz, das Raucherecken vorsieht, das der Polizei den Einsatz rußender Dienstwagen in der Innenstadt gönnt, das den Kindern ein unbeaufsichtigtes

Areal zubilligt, ist inkonsequent. So ein Gesetz verstößt gegen das Diktat, dass alle zu integrieren seien in unsere Ordnung der unversehrten Körper. Weil jede Ausnahme die Regel unterhöhlt.

Die Ausnahme ist das Fest

Mehrmals im Jahr feiert ein Dorf in Brandenburg die Ausnahme, trinkt, verschwendet, begleicht alte Rechnungen, schlägt über die Stränge. Das ist keine Party, auf der sich ein paar Freunde treffen – dazu dient oder diente ihnen das Wirtshaus. Das Fest ist mehr, es soll etwas gönnen, das die Ordnung ihnen sonst untersagt. Das Fest sehnt sich: nach Liebe, nach dem Kindsein, nach Heimat, und zugleich nach dem Gegenteil: nach der Zerstörung und nach der Sehnsucht selbst. Das sonst Bedeutungsvolle will frei sein von Bedeutung, das sonst Ordentliche will Unordnung, das sonst Nützliche will nicht nutzen, das sonst Friedliche will Krieg. Das sonst Weibliche will Männliches und umgekehrt. Das ist das Fest, das nicht arbeitet, sondern tanzt. Das Fest, das nicht spricht, sondern singt. Das Fest, das nicht »Ich« sagt, sondern: »Ich ist heute ein anderer.« Das Gesetz sieht zu und sagt nichts. Das ist, sagt die Mehrheit, ein schlechtes Gesetz.

Ein böser Gedanke

Denn wenn sich das Dorf in einen kollektiven Rausch stürzt, die Feuerwehr selbst ein gewaltiges Feuer entfacht, der Polizist als Erster trunken unterm Tisch liegt, der Schützenverein die Mädchen jagt, der Metzger seine Schweine umsonst fürs Volk verbrät und der Außenstehende entweder mittanzen muss oder zum Teufel gejagt wird, gilt zwar immer noch: das Gesetz. Seine Übertretung aber, vom Gesetz gnadenvoll als »verminderte Schuldfähigkeit« entschuldigt, hetzt in der Nacht volltrunkene Autofahrer, hetzt von Rechten getriebene Ausländer, hetzt von Jugendlichen getretene Penner in den Tod. Dieses Dorf ist ein Horror. Sein Fest ist ein Fall für die Justiz.

Weil das Dorf sich aufschwingt zu dem, was es selber sein will: das Gesetz. Genauso gnadenlos. Wünschen wir uns also ein »friedliches Fest« – zu Ostern, zu Pfingsten. Nur der Frieden sei unser Fest. Schön wärs. Oder die Feste sind religiöser Art, dann tanzt keiner. Zumal sie ein bedingungsloses Bekenntnis zum

Glauben verlangen. Und wo man sich nicht bereit fühlt für so ein großes Ja-Wort, schrumpfen die Feste zu Feiertagen, sind profanisiert, damit man sie konsumieren kann wie Weihnachten. Es war also die Religion, die dem Fest den Anschein des Harmlosen, ja, auch zu Erübrigenden verliehen hat. Denn Frieden bereitet bereits das Gesetz.

Iran

»Genau so ist es«, sagt der Imam in Teheran. Er streicht über seinen schlecht gepflegten Bart. Er ist der Imam seiner Sendboten. Einer dieser Sendboten markierte mit der Rasierklinge in die Haut am Schenkel hinein, um wie viel zu kurz das Kleid einer Passantin war. Der andere Sendbote beschaffte dem Gast den illegalen Alkohol als Gastgeschenk (und fuhr ihm im Auto nach, um herauszufinden, für wen das Zeug bestimmt sei). Der Sendbote des Imam hielt auch die Hand auf, damit die Hochzeitsgesellschaft tanzen durfte. Entlohnt kehrte er dem Fest für drei Stunden den Rücken zu, damit wir tanzen konnten.

Aber das Fest wurde verraten

Der Imam erklärt es väterlich zum Verhör: »Das Fest ist gegen die Ordnung Gottes und seiner Gesetze.« Aber ja, er verstehe das Bedürfnis zu tanzen, zu feiern, doch, ja, aber: »Das Fest verliert die Kontrolle über sich. Das Fest, jedes, das keine Ordnung, kein Ritual aufweist, ist ein Werkzeug des Teufels. Es berührt allein das Schlechte im Menschen, seine Gier, seine Triebe, der Mensch gerät außer sich und damit außerhalb Gottes.« Er lächelt mild in seinem kargen, von einer Neonlampe erleuchteten Zimmer in Teheran. Die unfreiwillige Audienz ist beendet.

Vielleicht hat der Imam sogar Recht, weil der weise Islam einfach so weise ist, das Gesetz über die Freiheit zu stellen, wie jedes Gesetz. Im Namen der Freiheit natürlich. So wurde das Fest, als Relikt der Religion, im Iran sogar von der Religion selbst überwunden. Per Gesetz.

Im kleinen Dorf in Brandenburg

Der Bürgermeister bringt Schnaps ans gewaltige Feuer. Wir trinken. Gleich sprudelt aus ihm heraus, dass er ein »Opfer« sei, derjenige, der »ausbaden muss, was die da oben bestimmen.« Eine neue Runde Schnaps ist fällig, weil heute Heute ist, »Sonnenwendfeier«. Bevor er zu lallen droht, sagt einer, der hinzutritt, der Bürgermeister solle »jetzt mal die Kirche im Dorf lassen«. Man weiß, der Gast ist ein willkommenes Opfer, um ihm all das wiederzukäuen, was im Dorf schon unzählige Mal sinn- und folgenlos gesagt worden ist.

Der Gast macht's mit, er ist ja da, zur rechten Zeit auf dieser Wiese mit einem gewaltig prasselnden Feuer. Zehn Meter hoch stehen die Flammen, in denen Küchenschränke, Türen, Stühle, es scheint, ein ganzes Haus verlodern. Den Dingen wird Gewalt angetan. Dieses Fest kann, so fühlt es sich an, jederzeit auch Menschen Gewalt antun.

Die Körper, wie Fülltröge für den Schnaps, wirken wie in Wettkampflaune, sind aber gehemmt wie vom Gesetz. Sie torkeln übervorsichtig. Es gibt Jungs, die sich als Rotte abseits halten, zu denen der Gast Distanz wahren soll. Es ist wieder ein Keil geschlagen, der die Wut graduell trennt: die, die gar nicht erst erscheinen, die sich verstecken, die Mehrheit; die, die der Wut ausgesetzt sind, wie der Bürgermeister, und diese Dreiviertelstarken, die wohl gern Rädelsführer einer »Revolution« wären. Die das Gesetz brechen möchten. Mit Gewalt.

Würde man die Kirche im Dorf lassen, müsste die Kirche diese Gewalt nun kanalisieren. Nicht im Namen eines Vaters oder Gesetzes, denn genau gegen beide richtet sich die Wut. Die Gewalt würde sich nur aufschaukeln. Das Fest bräuchte mehr, einen Sündenbock, ein Opfer, ein Drittes, das die gefürchtete Gewalt abführt. Das Fest bräuchte etwas, das es legitimiert, sich gegen Gesetz und Ordnung zu richten.

Reinheit

Wieder kommt ein Schnaps, sie nennen ihn den »Reinen«. Ich lehne ab. Instinktiv geht der Bürgermeister auf Distanz, als hätte er sein Opfer verloren, das diesen nur aufs Saufen reduzierten Ausweg ablehnt. Wir starren ins Feuer. Es lodert, es vernichtet die Schuld, das zu Erübrigende, das Wertlose. Es reinigt. Es schützt das Neue davor, sich vom alten Plunder anstecken zu lassen. Der Küchenschrank war mit Erinnerungen vollgestopft. Jetzt verlässt er das Diesseits der fortwährenden Wiederholung der immer gleichen Gedanken. Das Vernichten ist eine Reinigung. Die Gewalt tut gut. Erklärter Abfall, der den Menschen sonst hindert, sich von ihm abzuwenden und sich mit Neuem zu beschäftigen.

»Das Gesetz«, sagt einer neben mir, »wird uns das in Zukunft verbieten. Es könnte sein, dass dies Feuer eine Umweltsünde ist.« Ich muss lachen. Was die Seele befreit, ist vor dem Gesetz genau das, was die Natur beschmutzt. »Das Gesetz hat keine Ahnung«, sage ich.

Es gibt nur noch zwei: Die Macht (das Gesetz) und die Ohnmacht, die sich mit dem Schnaps steigert, so dass beide immer weiter auseinanderdriften. Das wäre der Anfang eines Fests. Aber es ist sein Ende, denn die Körper halten dem Schnaps nicht stand. Der ohnmächtig betrunkene Polizist wird nach Haus gebracht. In der Eiseskälte lag er hinterm Feuer, wäre fast erfroren.

Am nächsten Morgen

Die Rübe schmerzt. Es war ein jämmerliches Fest. Der Aufstand fand nicht statt, wie auch das Aufstehen vorerst ausfallen muss. Keine Dorfromantik. Nur Dumpfes. Der Abgrund war die lauernde Gewalt, eine Schlägerei, die vielleicht oder auch nicht stattgefunden hat. Man hätte die Schlägerei ohnehin dem Alkohol zugeschoben, diesem Dritten, dessen Opfer man war.

Im hämmernden Kopf hämmert noch: »Die Kirche im Dorf lassen«. Das Gesetz im Haus behalten. Das klingt archaisch. Das Dorf stammt aus einer Welt wie von einst. Da bestand das Gesetz, das von außen einbrach, in Dürre, Krieg und Katastrophe. Ein Schicksal, in das man sich nicht fügen will, solang das Dorf noch vernünftige Gegenmaßnahmen treffen kann. Dafür steht die Kirche. Über die Dörfer fahrend ist es fast unbegreiflich, wie man überall diese gewaltigen Bollwerke schuf, selbst aber im Morast zwischen geduckten Häuschen lebte. Als eine dem Volk nur befohlene Aufgabe, Gott zu preisen und Opfer zu bringen im Namen eines fernen Papstes oder Reformators, einer unsichtbaren Macht: Das ist so nicht denkbar. Diese Kirche war mehr: das selbst gebaute Gesetz, weil es das Gerichtswesen von heute so noch nicht gab. Die Kirche stand als Bollwerk, weil es ihre Aufgabe war, die Gewalt fernzuhalten. Wo noch kein Richter und kein Anwalt im Namen eines allgemein gültigen Rechts sprechen konnte, übte die Religion, übte sie am Gesetz. Der Sinn der Religion zerfiel in genau dem Moment, als der Staat und seine Gesetzesmacht überhand nahmen.

Bis dahin war das Gesetz nicht nur der Koran, die Thora oder die Bibel, es lag auch einzig in der Hand derjenigen, die es auslegten in engstem Kreis. Mitten im Dorf, da, wo man die Kirche noch sein ließ (bis ihre Gesetzlichkeit aus dem Dorf getragen wurde), verbarg sie im Beichtstuhl gnadenvoll die Identität des Sünders, stellte ihn nicht bloß. Sie betrieb gnadenlose Absolution, die Austreibung der Schuld als große Entschuldigung. Sie verlieh der ewigen Ausnahme die Würde des Rechts aus einem sehr vernünftigen Grund: um der Gewalt, und mehr noch, der ihr zugrunde liegenden Rache die Spitze zu nehmen. Jeder Streit war des Teufels, weil mit ihm ein Teufelskreis begann. Die Gewalt erzeugt Gegengewalt, die mittels einer Sippenhaft leicht dazu führt, dass sich das ganze Dorf aus Rache gegenseitig umbringt.

Dieses »Vergib uns unsere Schuld wie auch wir vergeben unseren Schuldigern« kennt jedes Kind, weil es das älteste Gesetz ist, um der Gewalt zu entkommen. Das Vergeben, das ist buchstäblich Opfern, das Opfer als eine »vergebliche« Gabe, die nur dazu dient, dass man vom Opfer ablässt. Das nennt der Katholik den Ablass.

Das war Gesetz. Und wie beim Gesetz gilt auch hier: Der Glaube ist niemals Schuld, weil der Glaube niemals Schuld sein kann, denn der Glaube entschuldet ja. Die Schuld verbleibt so immer bei dem, der nicht glaubt.

Die Rotte

»Die Kirche im Dorf lassen« hieß, seine Angelegenheiten selbst zu regeln. So fiel es der Reformation im 16. Jahrhundert verhältnismäßig leicht, den katholischen Handel mit dieser Schuld, dieser Gabe, die nie aufgibt zu geben, diesen Ablasshandel als die Diktatur des Papstes anzugreifen, überall dort, wo nicht Klöster und Bistümer die Macht über das Dorf besaßen. Heute heißt dieser Satz, »Die Kirche im Dorf lassen«, sich der Übermacht, sich dem gesetzgebenden Staat wie einem Schicksal von außen zu widersetzen. So lauerte auch die Rotte der kaum Volljährigen am Rand: auf eine Gelegenheit zur Gewalt, die Gelegenheit, ein Opfer zu erwischen, das stellvertretend zu treffen gewesen wäre wegen einer Übermacht, deretwegen die Rotte ohnmächtig gefangen sei in einem Dorf, das sich selbst nicht helfen darf.

Die Rotte will die böse Lust, die sie darstellt, selbst als ihre Lust am Bösen erleiden. Lauscht man ihrer desolaten Rhetorik, habe sie keine »eigene Heimat«, solang sie sie nicht in ihre Gewalt bekommt. In Wahrheit hat sie keine Religion, weil sie auch kein Recht hat, schon gar nicht auf Gewalt. Darum nehmen sie sich das Recht. Diese alte Dorfreligion, weil selber ohne Rechte, kann nichts dagegen ausrichten: Dem Dorf ist die Gewalt abhanden gekommen.

Als ich später wieder auf den zertrampelten Festplatz trete, vor die Asche des Feuers, und der eisige Wind in den leeren Flaschen pfeift, ist die Ahnung fast zum Greifen, warum das Fest gescheitert ist, ein Scheiterhaufen seiner selbst. Weil sich die Gewalt nurmehr gegen jeden Einzelnen wendet. Darum kam die Mehrheit des Dorfs erst gar nicht zum Fest. Für sie ist das Fest sinnlos.

Zu Recht

Denn im Fest steckt Gewalt. Sie sucht ein Opfer. Was wäre das Opfer? Der Gast, ein Ausländer, das widerspräche dem Gesetz der Gastfreundschaft. Aber herrscht das Gesetz noch, wo auch der Staat diesem Gesetz keine Gültigkeit gibt, es nur gnadenvoll auf das Minimum einer Ausnahme, des Asyls reduziert?

Undenkbar, dass ein Opfer heute noch jemanden gnädig stimmen könnte: weil es dem Gesetz widerspricht. Das Gesetz behält sich selbst das Recht aufs Opfer vor, das dem Dörfler verwehrt ist, wie ihm auch das Feuer verwehrt werden kann, die Abfuhr seines Überdrusses. Alles müsse der Dörfler delegieren, seit seine Kirche das Dorf verließ. Es gibt nicht mehr das neutrale Schlachtfeld, auf dem stellvertretend der Händel ausgefochten wurde, mit dem Rücken zur Religion, abseits von ihr, weil sie immun bleiben musste gegen die Gewalt. Die die Gewalt entschuldigte als Ausnahme, sie zuließ oder auch dazu anstiftete, um den Sündenbock, die Hexe, den Juden, den Häretiker zu verfolgen – alle Unglücklichen, die in einer organisierten Selbstjustiz gemartert, verbrannt, im glücklichen Fall nur vertrieben wurden. Als Stellvertreter für die Ohnmacht gegenüber der Gewalt. An ihre Stelle tritt eine gewaltige Leerstelle.

Das Opfer ist automatisch

Ein Betrunkener gestern, er fuhr gegen einen Baum. Er ist tot. Die Nachricht macht die Runde. Die Blicke sind stier, fast unbeteiligt, mehr ein Achselzucken. Den Toten nennt man nun ein Opfer. Im selben Wortsinn, wie das Opfer, das sich die Rotte vergeblich suchte. Das Opfer, heißt es, gehört verboten. Sinnlos sei es, wie das ganze Fest. Wie konnte er in diesem Zustand nur fahren? Die Mehrheit, die das Fest mied, stimmt das Keifen des Gesetzes an.

Selber Schuld habe der Tote. »Und Ihr auch, weil Ihr ihn nicht davon abgehalten habt«. Opfer und Schuld werden nahtlos verbunden.

»Denkt nur mal, er hätte ein unschuldiges Kind auf der Straße tot gefahren.«

»Hätte, hätte, hätte«, echot einer, der noch einen Rest von Trauer in sich spürt.

Es bleibt dabei: Schuld hat, wer ein Opfer erzeugt.

Muss das Gesetz nicht gnädig gestimmt werden, jetzt, um den Schuldigen im Namen des Schicksals, wo immer möglich, wieder frei zu sprechen? Wird das Gesetz nicht sogar bereit sein, wie seine Vorgängerin, die Religion, Absolution zu erteilen, gegen einen Tauschhandel: Gnade vor Recht? Damit der Staat an anderer Stelle, bei der Aufsicht, der Kontrolle, umso erbarmungsloser walten darf? Dieses Gesetz ist tatsächlich mit nichts anderem beschäftigt, als mit diesem Opfer des Verkehrs ein Geschäft, einen Ablasshandel zu betreiben – noch der Falschparker, der niemanden körperlich gefährdet, leistet unfreiwillige Buße für den Betrunkenen, der beim Versuch, einem Hindernis auszuweichen, sein Leben gab.

Also kennen wir das Opfer noch

Es ist das »unschuldige«, das »aus Versehen« und »vom Schicksal« auserwählte Opfer, das der Staat beschützen will. Natürlich kann der Staat das Opfer nicht schützen. Er tut aber so, als wäre es möglich. Das macht den Staat so gefährlich wie eine Religion, die behaupten würde, Gott sei gerecht und gut. Dass Gott es nicht ist, macht ihn zwar erst zur Autorität. Aber weil die Religion ihre Sache zur gerechten und guten macht, weil sie nicht des Teufels ist, zwang sie auch den Staat, mit dem Teufel im Protestantismus auch den Gott im Glauben ans Gute und Gerechte auszutreiben, indem Gott ans Gesetz delegiert wurde. Man schrieb im »Namen

Christi« das Gesetz nur ein wenig um zu »Im Namen des Opfers«
– was im Angesicht des Gekreuzigten nur folgerichtig ist.

Die Tragödie

Niemand darf sich am Opfer vergreifen. In den Medien verliert es
seinen Namen, seine Kenntlichkeit. Denn es besteht immer die
Wahrscheinlichkeit, dass das Opfer nicht persönlich Schuld ist.
Wie auch kein Verkehrsunfall, kein Übergriff auf den Ausländer,
keine Vergewaltigung diese Opfer persönlich meint. Das nennt
man Tragödie. Wäre das Opfer persönlich gemeint, ist es nicht
mehr Opfer, sondern Gegenstand einer persönlichen Fehde, die
weit besser einzudämmen wäre, durch Vermittlung, als diese tat-
sächliche Gewalt: das Wahllose nämlich, das Kinder, Schwule,
Frauen, Ausländer zu Opfern werden lässt. Dieses Opfer ist völlig
identisch mit der Schuld. An ihr ist nicht zu deuten.

Aber genau an diesem Versprechen auf Opferschutz muss der
Staat versagen. Weil das Opfer nur unvorherbestimmt zum Opfer
wird. Denn das Versprechen auf Schutz enthält einen fatalen
Tausch. Er besagt, dass wir das Schicksal in die Hand des Gesetzes legen. So legitimiert es sich, obwohl seine Kontrolle versagt,
weil das Schicksal trotzdem zuschlägt. Und dadurch erneuert das
Gesetz mit erschreckender Mühelosigkeit nur sein Recht auf Kontrolle, verschärft sie, tendenziell restlos.

Wegen der verschärften Sicherheitsmaßnahmen

befinden wir uns so alle im Zustand des Opfers. Wenn wir die Si-
cherheitskontrollen am Flughafen unbeschadet passiert haben,
wissen wir, dass wir weiter potenzielle Opfer bleiben dürfen, solang uns eine Täterschaft nicht nachgewiesen werden kann. Wir
werden zum Opfer durch eine vom Staat und darüber hinaus von
einer Staatengemeinschaft ausgehenden Gewalt, die uns als Opfer
vor dem Opfern retten will. Daran müssen wir glauben, solang
wir ihre Institutionen benutzen.

Der Staat als Sündenbock

ist nicht zu opfern. Er ist vage wie Gott und allmächtig. Nur ein
Opfer darf sich gegen ihn wenden. Das Opfer darf den Staat an-

klagen, warum er das Schicksal zuließ. Daraus darf das Opfer Ansprüche formulieren. Der Altertumswissenschaftler Walter Burkert erzählt in »Wilder Ursprung« (Berlin 1990): Ein zu schlachtender Ochse wird bei einer »Buphonia« im antiken Athen dazu gebracht, Gerstenkuchen vom Zeus-Altar zu fressen. Das ist ein Sakrileg. Nichts und niemand darf vom Altar fressen. Damit wird das Tier künstlich in Schuld verstrickt, es verkörpert nun die Schuld und soll getötet werden. Der Priester aber weigert sich feierlich und versagt seinem Amt die Rache. Der Priester bleibt rein. Ein anderer muss das Tier töten. Darauf tagt, nach dem Opfermahl, ein Gericht, das die Ansprüche des Ochsen vertritt. Und siehe: »die Verantwortung wird von einem zum anderen weitergegeben, bis schließlich das Messer schuldig gesprochen und ins Meer geworfen wird.«

Das Opfer ist notwendig

Auch das betrunkene Opfer beging ein Sakrileg, hinterlässt Frau und Kind, die Ansprüche gegen das Schicksal erheben. Gleich wird geprüft, ob nicht das Messer, ein technischer Defekt des Autos, in Frage kommt. Weil aber willentlich Alkohol im Spiel war, wird das Opfer verteilt: auf alle Trinker, die es, weil unzurechnungsfähig, delegieren an den Staat, der, gleichwohl unschuldig, alle Schuld auf sich nimmt durch die Steuer, die er wiederum an die Polizei überweist. Das Dorf hat, daran besteht kein Zweifel, selbst den Polizisten unter den Tisch getrunken. Ihn beinah dem Kältetod ausgeliefert. Doch nun kann nur eins noch Schuld sein: das Fest.

Will das Fest überleben

muss es bereuen. Es muss beweisen, dass es nicht gegen den Willen des Staats ein Opfer verursachte. Zwar wird die Schuld im ersten Versuch abermals delegiert, an den Polizisten, der doch selber trank. Der wie der Ochse selbst das Sakrileg beging. Aber weise erklärt man den Polizisten zum unschuldigen Lamm. Der Bürgermeister, der das Besäufnis an ihm zelebrierte, zelebriert nun Gefühle von Schuld und Reue, erklärt wortreich, dass er es sich als Bürgermeister nie verzeihen könne, den Mann in der Kälte so lang übersehen zu haben. Alle Schuld liegt wieder beim Menschen, stellvertretend beim Bürgermeister (nicht bei ihm, sondern bei seinem Amt). Was macht er? Er stilisiert sich zum wahren Opfer. Er habe sein Amt der Aufsicht vernachlässigt, er sei zerknirscht. Die beiden Herren wiegen Schuld gegen Schuld, bis sie federleicht wird. Der Bürgermeister bittet um Entschuldigung, wie auch der Polizist gelobt, vielleicht nie wieder zu trinken, bis es zu einer inniglichen Szene der Verbrüderung zweier Opfer kommt. So macht man das. Im Dorf. Um die Gewalt einzudämmen.

Daraufhin wird gefeiert

die Rechtsgültigkeit dieses Opfers. Weil Schuld nicht absichtlich, sondern durch ein Versehen ausgelöst wird. Ein Versehen muss behauptet werden, will man die Gewalt eindämmen. Die Suche nach dem Urgrund aller Schuld überlebt so auch in der heutigen Justiz. Ein Mord wurde begangen, der Mörder aber war selbst Opfer einer schrecklichen Kindheit. Opfer ist man nur aus Versehen. Das ist die Tragödie, nämlich das Versehen selbst: Einst wurde eine Holzstatue, das Palladion der Pallas Athene, während des Trojanischen Kriegs erobert. Die heimkehrenden Sieger landeten zur Nachtzeit in Phaleron, der nächstgelegenen Meeresbucht von Athen. Die Athener hielten die Ankömmlinge für Räuber und erschlugen die Unbekannten. Als man sie am nächsten Morgen identifizierte und das Palladion fand, wurde es »hinab zum Meere geführt und gereinigt wegen der geschehenen Morde und (man) habe es dann an diesem seinem Platze geweiht«, schreibt Walter Burkert. Ein Altar wurde am Ort der schrecklichen Bluttat errichtet, ein rituelles Wäschefest und dazu ein Gerichtshof installiert, der künftig unvorsätzliche Tötung und Mord an Fremden zu ahnden hatte.

Das Versehen beschäftigte die Griechen in ihren Tragödien wie dem berühmten »Ödipus« ausnehmend. Nicht nur, dass die Tragödien, wörtlich die Bocksgesänge, selbst auf ein Opferfest mit einem Bock als Siegerlohn zurückzuführen sind. Auch der Anlass zur Aufführung einer Tragödie war immer Verstrickung in Schuld. In beiden Fällen, der Tragödie wie dem Fest, soll nun eine Reinigung erfolgen. Man nennt sie Katharsis. Damit ist heute meist nur die Rührung selbst gemeint, das zu Tränen drängende Happy End. Christlich gesprochen: die Erlösung.

44

Schuld happens

Ganz Hollywood strickt seine Filme nach diesem Muster – vorsätzlich trennt das Gesetz (des Kinos) den Bösen von den Verstrickten der Tragödie und tut so, übertreibt, es könne dieser Verstrickte, der Gute also, das Böse besiegen. Die Griechen waren sich da nicht so sicher. Jeder kann in Schuld verstrickt werden, ganz gleich, welcher Herkunft oder Moral einer ist. Schuld erzeugt Schuld wie Gewalt Gewalt erzeugt. Niemand kann so einfach sagen, Schuld und Gewalt seien schlichtweg das Böse. Im Namen des Pazifismus, der Gerechtigkeit, des Opferschutzes wird uns die Welt aber nur so noch erzählt. Darum erzählt sie auch nicht mehr, wie eine Schuld entschuldet werden kann, durch ein reinigendes Wäschefest etwa, oder wie eine Gewalt überwältigt werden kann, indem sie entschuldbar wäre. Die Schuld wurde stattdessen absolut in einer monotheistischen, also nicht mehr griechischen Religion. Schuld trägt man dafür immer im Spiegelbild eines einzigen Gottes, trägt sie für sich allein. Jede Verschiebung der Schuld wäre Feigheit vor der eigenen Verantwortung. In diese Verantwortung ist ausnahmslos alles eingeschlossen: auch der Irrtum, das Schicksal, das Versehen. Und nur darum hasst das Gesetz die Ausnahme. Wer die Schuld Dritten zuweist, anderen Göttern, verrät seinen Glauben, verliert seine Glaubwürdigkeit. Genau das ist das Wesen und die Revolution des Monotheismus: dass niemand anders einspringen kann. Keiner hilft keinem. Man selbst ist das Opfer. Für aufgeklärte Christen kann dieses Opfer nur jener eine Sohn Gottes sein, der alle Schuld bereits und für immer auf sich geladen habe – als einziger, selbst individueller Erlöser. Damit ist er das einzig gültige Opfer. Ein Opfermonopolist, so dass folglich nur ihm das Recht auf ein Fest zukommt.

Die Ver(s)ehrtheit

So ist endlich auch das Tanzverbot zu verstehen. Denn wer tanzt, steht im Verdacht des Selbstvergessens, damit Schuldvergessens. Abgesehen vom Verdacht, dass der Tanz selbst ein Relikt des griechischen Polytheismus wäre, hat man ihn zu allen »heiligen Anlässen« verboten. Solche Anlässe dienen dem Gedenken von Schuld, dem Eingeständnis, nie einer Reinigung von ihr. Der Tanz ist überdies verboten, gerade weil der Tanz unschuldig ist. Und doch auch schuldig, weil er in der Lage wäre, reinigend die Schuld abzuführen, schlimmer noch: sie zu vernichten.

Zürich im Jahr 2000. Etienne Rainer, ein Party-Veranstalter, muss sich wegen wiederholten Verstoßes gegen das Tanzverbot an hohen kirchlichen Feiertagen vor dem dortigen Oberlandesgericht verantworten. Deutschland im Jahr 2007. Der baden-württembergische Ministerpräsident Günther Oettinger will ausgerechnet am 9. November, am Gedenktag des Judenprogroms 1938, des Ansteckens der Synagogen, ein Ballvergnügen veranstalten. Nach Protesten wird aus dem Ball eine »Gala«. Das Tanzverbot wird beachtet, das Gedenken nicht.

Der Verdacht sitzt tief, dass der Tanz weder denken, geschweige denn gedenken kann. An hohen kirchlichen Feiertagen ebenso wie in Würdigung der Opfer deutscher Verbrechen darf kein Fest stattfinden. Keine Reinigung. Warum nicht? Weil das Fest das Gegenteil von Sühne ist.

Die Sühne

reduziert alles auf das Opfer. Beim jüdische Passah-Fest ist es das Schlachten eines Lamms, Widders, Rinds oder Schafs, wie auch im orthodoxen Christentum üblich. Daraus wurde ein Brechen von weniger wertvollem Brot, eine Sauerteig-Oblate für den Leib Christi, ein »vegetarisches«, nachwachsendes Opfer. Das Opfer wird als Sühneopfer zunehmend unblutiger, unleiblicher, wertloser, geringer, damit auch sinnfreier. Das Fest wird vom Opfer gelöst, vom Körper selbst. An seine Stelle drängt das Gedenken. Nichts darf mehr an die Körper erinnern, an die Gewalt, die ihnen angetan wurde. Der Körper verschwindet in Frieden, geht dahin, weil mit dem Körper vor allem eins vernichtet werden soll: die Gewalt, die von ihm ausgeht.

Welcher Karneval

dagegen wäre friedlich und gewaltfrei? Der Karneval ist gerade dazu da, das Gesetz selbst und sein Credo auf den Kopf zu stellen. Nicht das Gedenken, das Vergessen ist sein Plaisier. Nur durch seine wiederholte Vergesslichkeit hat der Karneval das Recht zu sagen, das Recht hat Unrecht. Um auszusprechen, was man sonst nicht sagen darf: Das Gesetz ist Schuld. Oder: Der Glaube ist

Schuld. Weil der Karneval kein religiöser Umzug ist, darf er sogar sagen: Die Religion ist unglaubwürdig. Das Befreiende am Karneval ist: Er hat Recht. Das Angenehme am Karneval ist: Er hat nur sechs Tage lang Recht. Am siebten bereut auch er seine Sünden.

Auswüchse

Sechs Tage erträgt ihn das alte Gesetz (ein heutiges Gesetz würde ihn mit Stumpf und Stiel verbieten). Am siebten Tag aber muss das Gesetz das Recht und die Freiheit der Vernunft in Schutz nehmen vor den Auswüchsen des Fests. Das Gesetz hütet sich davor, dass Menschen im Tanz eine körperliche Befreiung von den Zumutungen der Ordnung entdecken könnten. Der Körper, sonst Objekt der Sitte und des Religiösen, befreit sich aber für Momente durch den Tanz, den Rave. Hier steht die körperliche Befreiung gegen die sonst doch allein gesetzlich geregelte Befreiung von der Schuld. Also muss das Gesetz behaupten, dass jedes Fest die Erkenntnis verleugnet, die dem Menschen einst die Unschuld raubte, auf die das Gesetz so baut. Michel Tournier erzählt in seiner »Legende von der Musik und vom Tanz«: Der Himmel war voll von Sphärenmusik, die Adam und Eva genüsslich zum Tanzen zwang, bis sie vom Baum der Musik aßen. Da verstummte der Himmel, und die Menschheit musste nun selber Musik machen und dazu nicht mehr frei, sondern sie musste aus eigener Kraft tanzen. Darum ist nichts, was der Mensch tut, frei. Erst recht nicht frei von Gewalt. Auch der Tanz ist es nicht.

Kabul

Natürlich gibt es keinen Tanz in Afghanistan. »Der Islam. Das müssen Sie verstehen«, sagt der Leiter der Theaterabteilung an der Kabul Universität, Mohammad Azim Hussainzadah. »Aber gibt es eine Stelle im Koran, die den Tanz verbietet?« »Nein«, sagt er. »Warum tanzen sie dann so viel in ihren Theatern?« »Nur aus Freude«, schluckt der Mann, der auf einmal so entstolzt wirkt, als würde er, wenn dieses Gespräch veröffentlicht ist, zu den gefährdeten Arten gehören. Gehört er nicht. Afghanen, dreißig Jahre lang kriegsüberlebt, tanzen, wie es Allah gefällt: auch auf der Bühne.

Klar ist es schwer, rechts vom tanzabstinenten Iran gelegen, nicht links von der Tanzlust aus indischer Wurzel im Nachbarland Pakistan angesteckt zu werden. Die wenigen Momente zwischen Krieg, Armut, Unterdrückung durch die Taliban fordern körperliche Befreiung. Es wird getanzt, wo immer eine Freude um die Ecke haucht. Die Theaterpremiere des »Kaukasischen Kreidekreises« von Bert Brecht etwa, Regie: Arash Absalan aus Iran, der dort keine Freiheit mehr fand, beginnt mit russischem Kasatschok und endet auch so: Kasatschok, dann Triumphsturm. Das Publikum rast rauf auf die Bühne, die Tontechnik wiederholt die Schlussmusik im Loop. Stadionstimmung. Die Bühne birst vor Freudentänzern. Sie heben die Darsteller auf die Schultern, tragen sie wie Helden. Darsteller und Publikum: ein jubelndes Corps. »Boraz«, Zugabe, rufen sie. Afghanistan tanzt, bis der Stromgenerator keinen Sprit mehr gibt.

Im Stück »Question & Answer« von Lutfullah Ehsas aus der Provinz Baghlan tanzen drei Schauspieler zwischen den Dialogen. Das Publikum jubelt sofort und klatscht den Takt. Tanz, sagt Torialai, der Übersetzer, sei »Pause«, um die vom Krieg und seinen Folgen unkonzentrierten Zuschauer aufatmen zu lassen, sie aus den Sitzen zu reißen, damit ihr Kopf wieder bereit sei, der Handlung zu folgen. Mag sein.

Im Nationaltheater von Kabul. Eine Ruine deutschen Theaterkolonialismus'. Das Dach wird neu gedeckt. Von nebenan schallt Musik. Ein Hochzeitshaus, eine Hochzeit von Paschtunen, den einstigen Herren von Afghanistan. Aus dem Skelett der königlich verordneten Europäisierung des Theaters stiefeln wir rein ins Tanzfest der Männer. Die Perkussion gibt Gas. Nur das linke Bein macht den Schritt. Die langen Haare von neun Jungs fliegen. Sie drehen sich im Kreis. Die Perkussion zerhämmert die Luft, die übrigen vielleicht fünfhundert Männer klatschen frenetisch. Der Kreis wird enger, die Trommeln schneller. Noch halten sie dagegen. Tanzen schneller. Springen. Halten den Kreis. Die Trommeln überschlagen sich. Die Männer gehen in die Knie. Allein die langhaarigen Köpfe rotieren immer weiter. Nur der Bräutigam, mit Blumen behangen, vor einem Berg von Geschenken stillgestellt, schaut stumm von seinem Thron: der einzige Zuschauer eines ekstatisch jubelnden Zirkels. Es ist elf Uhr vormittags.

Und die Frauen. Acht Uhr abends. Die restaurierten Barborshah-Gärten des einstigen Königs. Der Vollmond strahlt über die kargen Berge rund um Kabul. Sommerfrische, staubiger Wind. Angekündigt ist eine Pantomime. Das meint: Tanz, aus der Provinz Herat nah der iranischen Grenze. Ein Mädchen liegt als schwarzer Wolf auf dem Teppich, die Frauen schreiten federnd um den Sündenbock zu einem wundervoll gesungenen Lamento. Austreibung der Gefahr, in der sich die Frauen befinden. Im Stück zuvor beklagten sie die Steinigung einer Mutter, die nur Töchter gebiert, die Prügel, die das Mädchen erhält, wenn es beim Lesen und Schreiben erwischt wird. Eine real Achtjährige in der Mitte der Frauen sagt, dass sie ein Ding sei, das kein Recht hat, ihren Weg zu gehen. Das ist Realität. Diesmal rührt der reale Tanz der Frauen ums Mädchen, auf das all das Unrecht gegen die Frau als solche abgeladen wird. Rührt so, dass keiner mittanzen will. Tränen stattdessen, die sich die Zuschauer verstohlen aus dem Gesicht wischen.

Das Gesetz ist blind

Also soll der Tanz die Wirklichkeit zeigen. Die Paschtunen tanzen auf der Hochzeit unter sich. Der Eindringling aus dem Westen verhandelt am Eingang zum Hochzeitshaus. Junge Männer rennen wie Abgesandte die Treppe hoch und runter. Die Gastfreundschaft steht außer Frage. Aber die Angst vor der Überwachung steckt tief. Der Fremde, das wird unmissverständlich, muss initiiert werden, muss tanzen. Ein Beitänzer wird ihm mitgegeben. In der Mitte des Hochzeitsraums soll er beweisen, dass sein Körper die Ordnung der Überwachung durch das Gesetz überwindet. Dass er selber tanzen kann. Neckisch reizen die Musiker an den Trommeln seinen Körper aus, kitzeln seine Beweglichkeit. Einer wirft ihm eine Kopfbedeckung zu. Setzt er sie auf? Er setzt sie auf. Er ist integriert, ist ein Körper der ihren. Im Augenwinkel sieht er, wie die Gäste aufspringen, wie sie den Takt nicht mehr nur klatschen, sondern tanzen. Die Trommel überschlägt sich kurz, anerkennend. Es ist, als gäbe es kein Zurück mehr, für niemanden. Das Fest ist um eine Person gewachsen.

Das Fest ist eine Gegengesellschaft

Verschwenderisch widerspricht es der Ökonomie. Gegen den Außenstehenden, den Zuschauer, den Observierenden aber wehrt

sich das Fest mit Vehemenz. Die im wilden Tanz verlorene Kopfbedeckung wurde mir beschwörend erneut gereicht, wie eine
Maske, die meinem Körper die alte Identität nehmen sollte. Das
Käppchen der Paschtunen ist wie die Vogelmaske im veneziani-
schen Karneval. Es verhindert, dass man es wagt, mich zu fragen,
wer ich bin. Das Fest ist keine Polizei, sondern ihr Gegenteil. Nun
ist bekannt, wer ich bin: einer der Ihrigen. Von wegen »Keiner
hilft keinem«. Bin wie alle nun allen verpflichtet. Der Versuch, mir
selbst eine Zigarette anzustecken, wird abgewehrt von zwanzig
entgegengehaltenen Schachteln. Das Entzünden der Zigarette
gleicht einem Lichterbaum aus geballten Fäusten.

Beim Rotwein

in einem Garten, später im Westen, an einem Ort, der vom Fest
träumt, es aber nicht feiert, lauschen wir diesen Geschichten vom
Fest. Die Ärztin sagt, nachdem wir das Straßenfest-Komitee für
immer verlassen haben, dass sie eine schlechte Ärztin wäre, würde sie jetzt aussprechen, was sie denkt. Bis sie endlich denkt: »Das
Fest kennt nicht die Unversehrtheit des Körpers.« Sie hat Bereit-
schaftsdienst während Silvester, eines Raves, einer Demonstra-
tion. Das Fest richtet sich gegen den Körper, wenn es ihn verletzt.
Vielleicht, gibt sie zu, kommt ihr Gedanke daher. Aber es gibt einen besseren:

Im Fest verliert der Körper seine Würde. Er verliert seinen eigenen Körper, das, was noch bleibt, wenn einem sonst nichts
bleibt. Religionen verstehen sich als Schutzmacht des Körpers und
wenden sich darum gegen den Körper, sobald er aus der Ordnung
ausbricht. Das Gegenteil der Ordnung aber ist das Fest, das den
Körper riskiert. Aber sie sagt auch: »Das Fest ist ein Phänomen,
wie die Lebenslust eins ist – etwas sehr Seltenes.«

Das Opfer ist banal

Die Sonne sinkt, alles im Garten wirft Schatten. Wir stoßen mit
unseren Gläsern an, »auf die Gesundheit«. Wir prosten. Das ist
vom Opfer geblieben. Ein frommer Wunsch. Werfe versehentlich
das Glas um. Der Rotwein versickert im Rasen.

»Nein, nein, so musst Du das machen«, ruft einer, erhebt sich, verbeugt sich in alle vier Himmelsrichtungen, und opfert jeder Richtung eine Pfütze Wein.

»Lass nachschenken«, ruf ich.

»Schenken«, donnert die Ärztin. »Ihr nehmt das einfach so hin, dass ich Euch den Wein schenke, weil ich Euch einlade. Als wär der Wein nicht teuer genug.«

Wir sinken sofort auf die Knie und danken der Herrin für ihre Güte, uns ihren Wein zu opfern.

»Dann streich den Wein mal aus dem Satz«, sagt sie, und weil wir vergesslich sind, wiederholt sie: »Wir danken der Herrin für ihre Güte, uns zu opfern.« Na, wie fühlt sich das an?

Wie Hingabe.

Immer Arbeit mit dem Fest

Die Hingabe

Als Nino nach zwei Jahren, mit 19, einen Ausbildungsplatz gefunden hat, sagt er: »Das hat mich scharf gemacht, endlich zupacken zu dürfen.« Je später seine Party, die die Nacht dauert, desto mehr erinnert sein Vokabular an die Beschreibung einer Liebesnacht: »Die haben mich richtig genommen.« »Dass es endlich gefruchtet hat«, scheint seine verletzte Männlichkeit auch mit dem Weiblichen zu versöhnen. »Für die mache ich alles«, ein Heiratsverspechen. »Geil, geil, geil«, bellt er jedem entgegen, fällt uns in die Arme wie nach zwei Jahren klösterlicher Enthaltsamkeit, die ihn von der Arbeit so fern hielt wie von einer Frau. Verdacht bei den Älteren, dass Sex und Arbeit dasselbe sind.

Unterwerfungsgesten

Nun gibt er sich der Arbeit hin, lässt sich von ihr rannehmen, ausnutzen, fesseln, verletzen. Als hätte er es nicht besser verdient. Von der Arbeit unterfordert zu sein, das gleicht der kalten Schulter eines Partners im Bett. Von der Arbeit überfordert zu sein, ähnelt dem Gefühl einer Vergewaltigung, bei der man besser nicht mehr wissen will, wo einem der Sinn steht, wenn sie nur endlich von einem ablasse.

Das Theater treffen

Auf dem Berliner Theatertreffen 2007, bei einem Workshop mit Theaterkünstlern aus aller Welt, fragte die Choreografin Helena

Waldmann, was vom Menschen bliebe, wenn man die Arbeit von ihm abzieht. Sie erdreistete sich, sehr wörtlich einen »Shop ohne Work« zu eröffnen, ein Wort, das aus zwei kapitalistischen Ikonen besteht: Work und Shop, Arbeit und Konsum. Was, fragte sie, wenn der Mensch sich mal nicht definieren würde durch seine honorige Berufstätigkeit, die das alleinige Maß seines Ansehens darstellt. Der Schauspieler, der nicht spielt, der Tänzer, der nicht tanzt, der Regisseur, der nicht ordnet, die Choreografin, die wie sie beim Workshop alle Fünfe gerade sein lässt.

Bei dieser Übung im mutwilligen Unterlassen von Arbeit spürten alle Beteiligten zunächst nichts als wieder ein Diktat, zwar nun alles, nur nicht mehr arbeiten zu dürfen. Sondern was? Spielen? Auch Spiele simulieren eine Arbeit, haben einen Zug zum Gewinn, machen süchtig nach dem Verlustieren des Selbst in etwas, das seinen Sinn nur in sich selber hat. Wie der Sinn von Schach allein in seinem eigenen Regelwerk steckt, gilt für die Arbeit dasselbe. Wer behauptet, er arbeite nur, um sich zu ernähren, gerät in den Verdacht, seiner Arbeit entfremdet zu sein.

Wenn umgekehrt ein Künstler ein Werk schafft um dieses bloßen Werks Willen, um eine Arbeit an sich zu vollbringen, wirkt seine Kunstarbeit völlig sinnfrei. Dabei ist die Arbeit der Arbeiter oft ebenso sinnfrei wie die der Kunst. Macht die Arbeit keinen Sinn, macht es immer noch der Lohn. Umgekehrt macht auch der Lohn wenig Sinn bei all den Freiwilligen und Helfern, die ein Leben oder die Welt retten und rufen: wie sinnvoll das Helfen sei. Weil die nächste Katastrophe, der nächste Tod, das nächste Unglück immer um die Ecke schaut. Darum hat der Gutmensch immer gut zu tun und sagt so gern: Arbeit gibt es genug.

Das Diktat der Arbeit

Man muss die Arbeit nur finden. Im Sinn. Als Sinn. Der Mensch arbeitet eben, müht sich, um sich zu ernähren (im Sinn von labour, von laborieren), wünscht sich eine Arbeit, die sein persönliches Werk sei (im Sinn von work), auf dem sein Reichtum sich gründet und in dem sein Vermögen sich widerspiegeln kann. Das scheint, wie man es auch dreht und wendet, ein in sich völlig geschlossenes Spielwerk zu sein, aus dem es kein Entkommen gibt. Was auch auf der Welt kann dem Grundgesetz der Arbeit widersprechen? Der Tod, ja. Die körperliche Liebe, sehr sogar. Solang sie nicht in den Verdacht gerät, eine Lohnarbeit zu sein. Weil auch Prostitution Arbeit ist. Deshalb verpönt. Das Fest? Es ist verschwenderisch. Es feiert den Verlust. Es feiert wohl nichts als das Leben und damit fast immer auch die Sterblichkeit, eine Hochzeit, bis dass der Tod euch scheide, das Osterfest als Frühlingslust mit den feinsinnig umgekehrten Vorzeichen des Todes Jesu. Die Sterblichkeit selbst feiert ein Fest, sein eigenes Ende, das am Aschermittwoch alle Sünden während des rheinischen Karnevals einem »Hoppediz« oder einem »Nubbel« aufbürdet und ihn verbrennt. Das Fest ist eine Reinigung, das ein Opfer braucht, einen Sündenbock. Den Nubbel eben.

Denn gesündigt hat man: gegen die Ordnung der Arbeit. Wer zu viel trank, ist am nächsten Morgen zur Arbeit kaum zu gebrauchen. Wer die Sau rauslässt, muss sie auch wieder einfangen und in den Stall sperren. Er muss das Sinnlose seines Ausbruchs in Ordnung bringen, damit die gestörte Arbeit in Ruhe fortschreiten kann. Das Fest stellt sich der Arbeit kurz entgegen. Und macht ihr wieder Platz.

Der Tag der Arbeit

ist der tollste Tag. Er feiert die Arbeit selbst. Ausgerechnet an dem Tag, an dem die Gesellschaft ihr Liebeswerben austobt, wurde im Jahr 1886 der 1. Mai unglücklich zum Tag der Arbeit, als man in die Streikenden von Chicago eine Bombe warf. Und noch einmal 1929, als die Polizei in Berlin am so genannten Blutmai auf aufständische Arbeiter schießt. Während der Weltwirtschaftskrise jagen sich Arbeitslose und Beamte gegenseitig, ein Terror, der von Autonomen so noch jährlich in Berlin-Kreuzberg zum schönen Entsetzen der Bürger zelebriert wird. Aber kann erhoffte Liebe, bejubelte Arbeit und gespielter Terror, alles auf einmal und an einem einzigen Tag zum Fest taugen? Versteht das überhaupt jemand so? Wie, wenn der Terror als Feind der Arbeit gilt, und die Arbeit ein Gegner der Liebe ist. Welcher Verliebte taugt schon zur Arbeit?

Man muss einfach die Arbeit lieben, und den Terror, der in dieser widersprüchlichen Gleichung steckt, verdammen. Als eine Gewalt gegen die Liebe zur Arbeit.

Liebe, Arbeit, Terror kulminieren so in einem Feiertag, den die Gewerkschaften für sich reklamieren, weil sie für Lohnerhöhungen eintreten, damit immer mehr Menschen ihren Mitmenschen Arbeit machen können. Doch ist die Gewerkschaft eine Organisation, die kürzere Arbeit und längere Pausen durch die Niederlegung der Arbeit erzwingt, die also der Arbeit selber droht und sie im Streik kurzerhand außer Kraft setzen kann. Ihre Gegenspieler sind die, die ebenso der Arbeit den Kampf ansagen und sie aus ihrem gar nicht auf Arbeit, sondern auf Kapital gemünzten Unternehmen entlassen. Denn nie brauchen Arbeitgeber so viel Arbeit, wie auch die Arbeitnehmer nie nur eifrig arbeiten. Beide Seiten wissen: Arbeit ist bloß ein Bruchteil dessen, was die Menschheit ernährt. Aber der Glaube an die Arbeit, der steht fest wie je.

Helena Waldmann

dachte, als sie ihren Workshop gab, an genau diesen religiösen Kern, an den Glauben, der gleichermaßen der Arbeit wie dem Konsum, dem worken und shoppen anhaftet. Arbeit diene einer würdigen Selbstdefinition des Individuums. Shopping sei die einzig würdige Verschwendung des erarbeiteten Vermögens. Der Zug durch die Boutiquen ist das Fest, das Opfern im Einkaufszentrum die Belohnung für eine Woche anstrengender Arbeit. Anstelle des Fests. Helena Waldmann hoffte, dass ein »Shop ohne Work« das Einverständnis von Künstlern finden müsse, die nach Berlin kamen, um das politische Theater zu erneuern. Denn politisches Theater ist Kritik an genau diesen Verhältnissen. Der Workshop ist es nicht. Der Name selbst überträgt restlos die Ökonomie auf die Kunst, weil ein Workshop eine Zusammenkunft von Kreativen meint, die gemeinsam an etwas arbeiten, das später konsumiert werden soll. Ein Theaterstück zum Beispiel. Daran hat man sich gewöhnt: Auch Kunst ist Arbeit. Kein Fest. Kunst ist Ware. Und steht nicht außerhalb der Ordnung von Arbeit und Konsum.

Groß war also der Protest, als Helena Waldmann die Kunst des Dolce far niente zur Kunst des Politischen erklärte. Protest kam von Teilnehmern, die beim Unterlassen von Arbeit und Konsum nur die Leere des Niente spürten. Protest kam auch von den anderen Arbeitsgruppen, die ehrlich mühend an der Verbesserung des Engagements, des Protests, des Sendungsbewusstseins, der Aktion arbeiteten, an der Politisierung der Kunst – während Helena Waldmann die Künstler aus dem Fenster starren ließ, einer die Maultrommel zupfte, eine ein Lied anstimmte, einer einschlief, eine einen Tee kochte. Dann sagte sie noch: »Auf einmal hatte ich ein großes Vergnügen daran, einen Workshop zu leiten, der finanziert ist von kulturellen Institutionen und zu sagen, ich lege mich jetzt in den Schlafsack und mache nichts.« Die Journalistin Irene Grüter schreibt im Reader zu den »Politischen Dimensionen gegenwärtiger Theaterarbeit« der Berliner Festspiele 2007, dass einige den Versuch deshalb für gescheitert erklärten, weil »das so genannte Nichts-Tun binnen kürzester Zeit in Singen, Schlafen, Massieren endete.« In subventionierter Wellness, die sie – das war das Schlimmste – »konsumierten als vertane Zeit«. Lieber wollten sie Zeit als Arbeit konsumieren. Zeit für worken und shoppen. Dabei war diese Zeit davon frei, Freizeit. Aber fast niemand aus den Industrieländern entdeckte darin Freiheit oder Muße. Das sahen nur Teilnehmer aus Ländern so, die der Zeit gegenüber ein gelassenes Verhältnis besitzen, deren kultureller Hintergrund nicht die Vertaktung der Arbeit ist, sondern ein loses Verketten von Ereignissen.

In-Takt

ist auch das christliche Fest für Gott am Sonntag, der seit den Sumerern als Tag der Versöhnung der Götter gilt. Die aus ihrem Exil im Zweistromland zurückkehrenden Juden nannten ihn den Sabbat und trieben das Nichtstun zur Perfektion, indem sie das Treppensteigen ebenso als zu vermeidende Arbeit ansehen wie das Bedienen eines Fahrstuhls. Man muss Helena Waldmann schelten, dass sie noch die Zubereitung eines Tees durchgehen ließ. Die Muslime wiederum widmeten ihren Freitag der Volksbildung – dass der Mensch überhaupt einen Gedanken jenseits der Arbeit fasse. Nur die Christen ließen sich Zeit. Konstantin belästigte sie erst im Jahr 321 mit einem Ruhetag, und es dauerte noch einmal zweihundert Jahre, bis der Sonntag auf der Synode von Adge durchgesetzt werden konnte, weil fleißige Christen den Müßiggang für eine Todsünde halten. Seitdem, das ist der Kompromiss, beruht der Sonntag auf einer Dienstordnung mit klaren Strukturen, mit deutlich hörbarem Beginn, eingeläutet, dann getaktet in Gebet und Predigt, Gesang und Amen.

Gar nicht getaktet, sondern verkettet dagegen ist die Party, weil sie nur einen ungefähren Anfang kennt, den Plausch, den Hunger, den Tanz, die Erschöpfung. Das Fest legt nur eine Spur von Ereignissen und gibt jedem einzelnen Moment seine Zeit. Wie sagte der chinesische Professor Guo Dalie, als wir zu Gast in seinem Haus in Lijiang südlich der chinesischen Stadt Kunming waren: »In unserem Glauben (des Volks der Naxi, einer chinesischen Minderheit) gehört die Zeit den Göttern, nicht den Menschen.«

Die Götter der Naxi

leben wie einst bei den Griechen in Kastanien, Eichen, Zypressen und thronen oberhalb von Lijiang auf dem Jadedrachen-Berg. In ihrem Ritus tragen junge Männer etwa sieben Tage lang einen Baum von diesem Berg zu Tal. Sie holen einen Gott nach Haus. Guo Dalie ist das Haupt des 400 Jahre alten und 15 Generationen zählenden Guo-Clans aus 60 Familen. Er lädt zum Götterfest in den Hofgarten. Es gibt Tee, ein Schwein wird auf dem Feuer gewendet, Rauch zieht über den Hof. Die Dongba, drei, vier Zeremonienmeister, opfern Reis. Fünf Familien sinken auf die Knie, erheben sich, und die Tänze beginnen, erst Rundtänze von Frauen, deren Lachen tiefe Furchen in ihre Gesichter schneidet. Sie singen dazu, und die Musiker tanzen. Schwertfuchtelnde Männer in farbigen Gewändern tragen Kronen, auf denen ihre bunten Baumgötter abgebildet sind. Sie schlagen auf Hüfttrommeln mit krummen Stäben, bewegen sich zeitlupenhaft wie auf der Pirsch, machen zwischendurch einem Kalligrafen Platz, dessen Zeichnungen das Drama ersetzen. Die zu erzählende Geschichte wird nicht vertanzt, sondern einfach auf einer Art Pergament hergezeigt. Die Naxi besitzen eine reiche Schriftkultur, Werke von comichafter Schönheit, die auf 20 000 von der chinesischen Kulturrevolution verschonten Rollen ihre Geschichte, ihre Gesänge und ihre Tänze festhalten – Messertänze und Begräbnistänze. Sie zählen zu den ältesten erhaltenen Tanznotationen der Welt.

Alles gehört zusammen, sagt der nach der Kulturrevolution 21 Jahre lang inhaftierte Dichter und Sänger Zhou Liangpei: »Musik ist Literatur ist Tanz, und wer nicht versteht, das alles untrennbar zusammengehört, versteht die Kultur nicht.« Es ist ein Fest der Gleichzeitigkeit, die alles in sich aufnimmt und sich am Klingeln der Handys nicht stört, nicht am Gespräch der Alten während des Tanzes, und die darauf besteht, dass auch die Gäste mittanzen. Essen, Trinken, die Musik, die Geschichte, alles geschieht ohne Hast, lässt allem Zeit. Dieses Fest beginnt, wenn die Männer ihren

Baum gebracht haben, das Schweinefleisch wird gereicht, sobald es gar ist, getanzt wird, nachdem die Musiker dazu bereit sind. Es ist ein gemütliches Fest, nicht nur wegen seines Laisser-faire, weil immer noch ein Dongba eine Rauchkerze entzündet und noch ein Tee gereicht wird. Das Fest findet auch kein Ende, weil immer noch ein Gott, der in den Kronen der Musiker sitzt, ihnen eine Melodie einflüstert, die sie spielen und zu der alle erneut zu tanzen beginnen. Guo Dalie sagt: »Das Fest gehört den Göttern. Sie sind deshalb Götter, weil sie nicht arbeiten. Sie geben uns die Zeit zurück, sie geben uns die Familie zurück«, und fügt mit rauer Stimme hinzu: »Sie geben uns Freiheit zurück.«

Die Zeit der Götter

Alle Götter der Naxi spielen Schicksal – und hindern so an der Arbeit. Die Tücke der Götter besteht darin, die Menschen bei ihrem Versuch, ein stetiges Tun zu entwickeln, zu stören, sie in Unfälle, Verliebtheit, Schlaf oder Krankheit zu verwickeln, um sie abzuhalten von ihren Zielen und ihren selbst gemachten Sorgen. Die Götter werden zu diesem Zeremoniell eingeladen. Man will taktvoll sein, taktisch klug dem Schicksal gegenüber, den Takt schlagend, wobei das Fest genau das bewirkt, woran die Götter schuld sind: dass die Arbeit aus dem Takt gerät, dass die Zeit aus dem Takt fällt. So verbrüdert und verschwistert man sich mit den Göttern für die Dauer eines Fests. Warum, frage ich Guo Dalie, tanzt niemand die Tänze, die die Zeichnungen darstellen? Er antwortet: Weil die Zeichnungen nur gezeichnet und die Tänze bereits getanzt sind. Sie sind vergangen. Dann sagt er noch: »Das Grundrecht des Menschen ist, nichts zu bedeuten.« Er sieht die Augen seines Gegenübers und lacht.

Vorsichtig

blätter ich in den alten Zeichnungen. Ein Choreograf in Europa hätte begonnen, die Hieroglyphen bedeutungsvoll zu übersetzen, aber Choreografie scheint bei den Naxi etwas anderes zu sein. Choreografie ist nicht verantwortlich für den Tanz, sondern verantwortlich für den Ablauf des Fests: zuständig für die Zeit der Höflichkeit, die Zeit des Essens, die Zeit der Trunkenheit, die Zeit des Feuerwerks, die Zeit der Reden und die Zeit des Tanzens.

Choreografie ist eine Kunst, die nicht die Körper selbst ordnet, nicht den einzelnen Menschen, nicht seine Bedeutung, wie Guo Dali es nannte. Choreografie will vielmehr durch die Körper und mit der Zeit etwas bewegen. Denn ein Fest ist sowieso immer Tanz. Das Fest ist nicht die Ordnung des Tanzes. Im alt-mexikanischen Begriff für Tanz, »yaa«, steckt diese andere alte Bejahung drin: mit den Händen klatschen, mit den Füßen stampfen, springen, singen. Im Wort »zum Tanz gehen«, Samstagnacht, ist auch bei uns nicht nur Tanz gemeint, auch Musik hören, reden, trinken. Das meint keine Ordnung. Es meint: was geschieht, geschieht einfach – und unabsehbar. Erst die Arbeit der Choreografie hat sie auf das reduziert, was man die Ordnung der Schritte nennt. Wie man den Walzer tanzt, und vielleicht noch, wer den ersten tanzen darf. Nimmt man Choreografie als eine Kunst, mit dem die Körper die Zeit selbst zu bewegen, wäre in Europa der einzig vergleichbare Choreograf ein DJ: Denn wie getanzt wird, ist ihm egal. Er bewegt das Fest als Ganzes in ein Auf und Ab der Tanzarbeit, taktet es ein, versorgt es mit Heizkraft und Energieausfluss, operiert an der Klaviatur zwischen Chill und Trance. Das Fest ist seine Maschine. Im guten Fall vernichtet es die Zeit, macht sie vergessen. Niemand auf einem Fest, das diesen Namen verdient, sieht auf die Uhr, niemand auf einem Fest sagt wie im Gottesdienst oder im Theater: »Wie lang dauert es noch?«

Die Arbeit des Fests

ist ein feierliches Vernichten von Zeit. Das ist – für Theatermacher – das Schlimmste, weil ihr Beruf darin besteht, die Zeit mit Sinn zu füllen. Nicht den Sinn zu verschwenden an die Feier der Zeit. Was auch ist der Sinn des Fests? Helena Waldmann sagte: »Das Interessante ist ja, dass wir glauben, dass alles immer über Arbeit funktioniert, dass alles immer über Nutzen funktioniert, dass alles immer über Funktionieren funktioniert.«

Im Ergebnis

will das Theater so erschüttern, bewegen, rühren. Es produziert dabei wie die Ökonomie eine Dienstleistung, die für ihren Wert geliebt werden will. Wahllos aus einer Rezension einer Tageszeitung gepickt, vermisst der Kritiker »entschiedene Regiegedan-

ken«, »spannende Bilder« und am Dirigentenpult »die zupacken-
de Energie«. Der Kritiker warnt also vor unschöner Arbeit, der all
das fehlt, was die Arbeit selber schönen soll: Entschiedenheit,
Energie, Spannung. Alles Zuschreibungen der Arbeit, keine der
Kunst.

Oder die andere Seite, der Shop, das Schnäppchen: Günstiges
ist gut. Selbst die Armut des Theaters hat ihre Parallele in der Arbeit. Sie wird um den Preis der Ausbeutung unter Wert angeboten. Der slowenische Theaterdenker Janez Jansa hat es so formu-
liert: Das Tanzsolo, der Verzicht auf Mittanzende, bezeichnet nicht
nur die größtmögliche Entsolidarisierung von anderen und damit
auch den geringst möglichen Kontakt zur Gesellschaft. Das Solo
ist zugleich auch die billigste Form von Theater. Im Solo ist die
Arbeit nichts anderes als die Herabstufung einer notwendigen Tätigkeit zu einer individuellen Leistung.

In Afrika

kennt der Begriff von Arbeit keine Freizeit. Jede Tätigkeit ist Arbeit, noch das Zähneputzen. Alles, was ein Werkzeug benötigt, ist
Arbeit per Definition in einer Gesellschaft, die stattdessen die
größtmögliche Verausgabung feiert. In Angola. Arbeiter beackern
ein Feld in der Gluthitze solang bis es fertig ist (ihre Zeit der Arbeit ist absolut, es geht um das Ergebnis als das Ereignis), um sich
dann angesichts des Ergebnisses, kaum ist die Sonne verschwunden, ein Fest zu geben, auf dem sie genauso ausdauernd und
schweißtreibend tanzen, wie sie vorher die Erde aufhackten. Dieses Höchstmaß an körperlicher Anstrengung ist ungeheuer: Die
Auszehrung des Körpers tagsüber wird durch die tanzende Verausgabung des Körpers in der Nacht kuriert. Es scheint, es gibt eine restlose Ununterscheidbarkeit von Arbeit und Fest, die die
Ethnologin Christine Hardung in den von Kurt Beck und Gerd
Spittler herausgegebenen Beiträgen zur Afrikaforschung, »Arbeit
in Afrika« beschreibt.

Die Gannunkeebe

Christine Hardung zeigt eine »wuura bunNaaje«. Das Wort aus
dem Norden von Benin, der Provinz Atakora, fügt das Fest und
die Gemeinschaftsarbeit zusammen zum Begriff eines »Arbeits-

fests«. Geladen werden beim Volk der Gannunkeebe Freunde und Verwandte, um gemeinsam ein Feld umzugraben. Musiker sind da, die Frauen bringen Mahlzeiten, Wasser und Bier. Die jungen Männer im Feld sind im Wettkampf aufgestellt, jeder gräbt seit dem Startsignal mit der Hacke eine Furche. Den Ersten, der eine Reihe zu Ende gegraben hat, nehmen die Mädchen, die scheinbar beschäftigt sind mit der Küche, sehr genau wahr. Es geht in die nächste Spur. Es wird gehackt, was das Zeug hält. Diese Arbeit ist Sport, den die Zuschauer bewerten, die Leistung jedes ihrer Favoriten wird kommentiert. Es kann auch passieren, dass nicht eingeladene Gruppen von Jugendlichen vorbeikommen und mit in den Wettstreit treten, zu dem ein gewisses Raumgefühl nötig scheint, um Konkurrenten etwa »in die Randhügel zu drängen«, sie zu hindern, eine gerade Reihe bis zum Feldende zu graben. Auch performative Züge sind da, inszenierte Auftritte der Männer, Schreie, Posen; aber all das gilt weniger als die Qualität der Arbeit selbst. Nur die Souveränität, Geschwindigkeit und Präzision entscheidet über das soziale Prestige – ein Verlierer verliert auch an Ansehen. Es geht um Entschlossenheit, die auf dem Heiratsmarkt gehandelt werden soll, um eine Stärke, die sich darin ausdrückt, dass Keuchen, Schwitzen und Erschöpfung verpönt sind – eine Ökonomie der Kräfte ist ebenso nötig wie die Schönheit, mit der gehackt wird. Ein »ästhetischer« Sieg soll errungen, dabei eine sinnvolle Arbeit vollbracht werden. Somit ist Arbeit alles. Ihr Gegenteil ist: der (soziale) Tod.

Vollendung

Dieses Fest hat eine Absicht: diejenigen Männer zu feiern, die die Liebe gewinnen. Durch Arbeit. Genau das erinnert auch ans europäische Sportfest, ans Tanzfest, Turnier, deren ländliche Qualität ebenso auf Erotik wie auf einen ökonomischen Erfolg aus war, beides: Vollendung der Ernte im Erntedank. Der Wettstreit beim Heusammeln in vormaschineller Zeit mündete in einer feuchtfröhlichen Party, die nach dem Sieg über die Ernte die Erschöpfung im Tanz noch steigerte – statt »abzuhängen«. Diese Party nach dem Sieg musste lang sein, und intensiv. Und nahm auch den Wettstreit wieder auf, im Armdrücken, Wettsaufen, Austanzen. Das Fest gibt sich den Sinn einer Arbeit: Die Arbeit selbst wird als Fest gefeiert.

Das Schützenfest

Das Fest ist sogar die Steigerung von Arbeit. Ein Jäger kann zwar mit Glück in den Wald ziehen. Zwischen den Bäumen geht es um Glück, um eine Ökonomie des Schusses, um eine Umsicht bei der Wahl der Beute. Beim Schützenfest aber verschwendet der Jäger jede Patrone, weil er etwas Besseres zu jagen hat: den Beweis, selbst ein toller Hirsch zu sein. Anders als in Benin, wo aus dem Acker im Wettstreit eine ökonomisch nutzbare Anbaufläche entsteht, trennt das Schützenfest die nützliche Arbeit von der sich verausgabenden Arbeit. Arbeit wird, wie bei einem Radrennfahrer, der sich restlos verausgabt, zu einer Arbeit ohne Arbeit. Reine Leistung.

So wird die Gewalt der Konkurrenz im Sport absolut. Sie braucht keine andere Nützlichkeit als die der Parteinahme: damit der siegende Mann geliebt wird, von der Frau, die zur Trophäe werden soll, für die er alles gibt. Für die Arbeit. Sport ist damit der Gipfel der Arbeit, die sonst keinen weiteren Nutzen kennt als den Sieg über die Konkurrenz. So definiert sich: der Kapitalismus.

Fußball

Im Florenz des 15. Jahrhunderts kam der Calcio auf, wörtlich: der »Fußtritt«. Es herrschte der Ausnahmezustand im Stadtviertel. Das Opfer – der Ball – wurde vom rasenden Pöbel durch die Gassen getreten, durch die Gärten, über Zäune, durch Fenster, Pinten, Scheunen. Bei der johlenden Ausschreitung, der gewaltigen Austreibung des Sündenbocks ging jede Menge zu Bruch. Es war ein Ausbruch noch ohne Regeln. Nur der Stil des Spiels war schon da, harte Fouls und elegante Dribblings. Der Adel unter der Herrschaft der Medici mochte nur Letztere, fand aber erst mal, dass eine Kleiderordnung hermüsse zum Galaspiel auf der Piazza di Santa Croce. Dem Spieler sei es »nicht zweckdienlich, anderes als Strümpfe, ein Wams, ein Barett und dünne Schuhe zu tragen«, schrieb Giovanni de Bardi in einer 1580 veröffentlichten Anleitung zum Calcio-Spiel, »denn je weniger er behindert sein wird, desto mehr wird er sich geschmeidig bewegen ...« Darum ging es: um die Schönheit des eleganten Dribblings mit dem Fuß, der doch zweifelsohne für Gewalt steht, für den Fußtritt gegen den Sünder von einem Spieler, der zum Herrscher des Balls wird, der mithin das Opfer beherrscht.

Noch war beim Calcio wie beim Street-Ball die Masse, der Tumult, der kollektive Tritt hinter einem Ball her. Es gab keine Zuschauer. Denn wollte man das Spiel gegen den Sündenbock verfolgen, musste man ihn verfolgen – buchstäblich. Man war involviert, musste es sein.

Es war ein Wettstreit

der Verausgabung, dem erst durch die Spielregel der alte aggressive Sinn ausgetrieben wurde. Das stellvertretende Opfer, der Ball als Sündenbock – diesen Frühsinn sieht heute keiner mehr. Der Blick richtet sich ganz auf die Leistung der Einzelnen, auf das Sichtbare des Torschusses ebenso wie auf das weniger Offensichtliche des taktischen oder »harmonischen«, also schönen Zusammenspiels. Diese Sichtbarkeit wurde möglich erst durch die Theatralisierung des Sports. Durch Rang und Bühne, durch Aufsicht und Überwachung, Schiedsrichter und Kameras. Das Fest war damit am Ende, wurde ausgelagert auf die Zeit nach dem Sieg, durch den Sieg.

Ein ähnliches taktisches und harmonisches Zusammenspiel bestimmen auch die Reinigungsfeste in vielen südlichen Regionen am Mittelmeer. An einem Festtag macht sich ein ganzer Ort auf, Zeit, nur an diesem einen Tag alle Kirchen und sonstigen öffentlichen Gemäuer in einem gemeinsamen Wettstreit gegen die Zeit, den Sonnenuntergang, zu weißeln und zu tünchen. Die Gebäude werden gereinigt, von Schuld und Erinnerung befreit. Dieses Fest schweißt den Ort als eine schwer arbeitende Gemeinschaft zusammen, wohl auch, um den sich immer wieder in Einzelinteressen auseinander-dividierenden Ort zu kurieren, wie Büroabteilungen ein Dschungelcamp buchen um zu lernen, sich aufeinander verlassen zu können. Dieses Reinigungsfest, anders als der Leistungssport, unterbindet, dass ein Individuum siegt. Kein Torschütze ist im Wettpinseln denkbar, ein Schiedsrichter oder Kommentator wäre in Wahrheit ein Drückeberger. Das Dorf, das sich reinigt, schließt niemanden aus, es duldet aber auch keine untätigen Zuschauer. Das ist: die Definition des Sozialismus.

Leistung ist das Echte

Egal welcher Sport oder welche Arbeit: Die Ökonomie glaubt nur an die Leistung. Sie ist auch bei diesen beiden Sorten von Fest enthalten, dem kollektiven des Mauerweißelns und dem kompetetiven im Sportfest. In beiden Festen sind die Anstrengungen ungeheuer. Sie steigern die Arbeit zum Fest. Hier entlädt sich, was der Befriedigung durch bloße Arbeit fehlt: ein Sieg, den zum Beispiel Kellner, Arbeiter, Manager nicht kennen, weil auf sie nur immer neue Gäste, Werkstücke und Absatzprobleme warten. Nur im Sport gibt es ein Finale. Die dazu eigens errichtete Saison wird zu einem Richtfest des vorläufig vollbrachten Gewinns. Erst dann lässt sich der errungene Wanderpokal feiern wie ein Schlachtfest. Um sich in den Rängen des Stadions sogar das noch zu erlauben: zu tanzen.

Die berüchtigte Nordkurve

im Stadion meiner Jugend, die die respektheischende Wildheit des Fests repräsentierte, steht längst draußen vor dem Stacheldraht. Wo sie sich dennoch Zutritt verschafft, entlädt sich ihre Wut wie in einer Eruption, weil sie offenbar keine andere Wahl mehr kennt als die zwischen dumpfer Fernsehparty und der Aggression gegen die Ordnung an sich.

Am Stadionrand wird mit Oppression eingeschritten gegen ihre Verausgabung. Die Ordnung des Theaters wird so auch im Sport vehement: der Mensch in Sitze geklemmt, die Bierflasche gegen den Pappbecher eingetauscht, das Proletarische durch den Luxus der Preise ersetzt. Da erstickt das Fest, das man sich und seiner Mannschaft gibt, umstellt von einem so intensiven Kordon von Sicherheitskräften, dass die Kostümierung und der Freudentanz vor ihnen entweder lächerlich wirkt, oder aber diese alten Insignien des Fests, des Wettkampfs, des Risikos sich gegen die Ordnung aufschaukeln und zur Straßenschlacht vor den Stadiontoren gerät. So entsteht wieder der Calcio von einst, der nun nach einem unsichtbaren, einem abwesenden Ball tritt: nach einem Sündenbock für den eigenen Ausschluss. Der sich als »null Bock« in die Sprache bequemt hat – als das, was fehlt. Das Opfer. Das man selber ist.

Die Eskalation

Weil der Sport den Ausschluss all deren verlangt, die zu einem Minimum vergleichbarer Leistung nicht taugen, zeigt er unmissverständlich, wer des Sports nicht würdig ist. Dem Sport fehlt mein Einsatz. Was gebe ich dafür, was gäbe ich darum, für den Sieg, den ich beim Buchmacher einsetze (im Wettbewerb). Oder welches Startgeld zahle ich: beim Volksmarathon (im Wettstreit). Der Volksmarathon, der so aussieht wie die kollektive Selbstreinigung einer ganzen Stadt, schließt niemanden aus, treibt jeden Einzelnen zur Verausgabung, die hier nur noch Arbeit an sich selbst ist, gegen sich, und die trotzdem einen Sieger kennt. Im Volksmarathon funktioniert die Gegengabe nur als Wette gegen sich selbst, als eine ausnahmslose Individualisierung von Leistung. Der Marathon schließt zugleich die kollektive Gewalt aus, weil man sie sich selbst antut. Er simuliert den Calcio des Pöbels durch die Straßen, aber das Opfer ist kein Ball, sondern wieder nur man selbst. Der Volksmarathon ist der Gipfel – eines sozialistischen Kapitalismus, der gleichzeitig ein Bekenntnis zum Sport (der Ökonomie) und zur Dorfgemeinschaft (dem Fest) ausdrückt.

Das ist anders als beim theatralisierten Fußball, der alle, Zuschauer wie Spieler, der Kontrolle unterwirft, dem Messbaren, dem Sichtbaren, dem Beweis der Leistung. Darum ist die kollektive Gewalt dort das genaue Gegenteil: Sie ist tendenziell unermesslich, unerkannt und will sich dem Beweisbaren entziehen. Sie dämmert immer, insbesondere in der Nordkurve, wo die von mir erbrachte Stehplatz-Gabe belächelt, wo mein Beitrag wegen der immer latenten Drohung der Gewalt abgelehnt wird. Aus einem einfachen Grund: Weder ein Sportverein noch eine Firma noch ein Theater sind ein Kollektiv. Sondern ein Geschäft, das nur Leistungen einschließt – und jedes Risiko nach Möglichkeit ausschließt.

Thaipusam

»'Tschuldige, dass wir Eure Arbeit wegnehmen«, sagt ein Junge in Malaysia, dem schmalen Land zwischen Thailand und dem Zipfel Singapur. Hier regiert ein Islam, den sie »hadari« nennen. Flexibel. Offen. Weil er auch nichtislamische Feste zulässt, wie Thaipusam, den tamilischen Tanz einen heiligen Berg hinauf, um Murugan zu huldigen, jenem Gott, der einst die drei Dämonen Egoismus, Geiz und Lüsternheit besiegte.

Junge Männer bohren sich Milchkännchen an schmalen Haken wie Christbaumschmuck in ihre Haut, lassen sich Speere durch Wange und Zunge bohren. Alle Welt schreit: Das muss wehtun, warum fließt kein Blut? Warum tun sie sich solche Gewalt an?

Thaipusam, das jährlich wiederkehrt in Kuala Lumpur, Itoh, Melaka, in Georgetown auf der Insel Penang und in Singapur, ist ein schmerzhaftes Fest, das sich der Westen nur durch eine geheimnisvolle Trance erklären kann, durch Zeremonien, Askese, das Studium heiliger Schriften. Aber nichts da. Die Gewalt ist eine gewaltige Leistung.

Bei vollem Bewusstsein beginnt das Vollmond-Fest auf Penang. Ein Priester nadelt mit großer Geduld bis zu 400 kleine Milchkännchen an die Schultern, Brust, den Rücken der Jungen aus dem Stadtviertel Air Terjung, einer indische Enklave am Fuß des Mount Eskine, des Wasserfall-Bergs. Dort hinauf wird ihr Weg führen, tanzend, mit einem Panzer, der ihr Körpergewicht nahezu verdoppelt.

Drei Uhr nachts. Aus dem Ghetto-Blaster knallt eine CD, »Om Thiryabagan Shiva« – »Om«, »Shiva«. Die Trommeln, die die Freunde auspacken, sind keine zehn Beats langsamer als Techno. Zwei kleine Wohnhäuser dienen als Tempel. Im Vorhof ist ein Altar aufgebaut mit der Ganesha-Statue, dem Elefantengott. Die Väter, der Guru, die Freunde, alle drängen sich um das erste Selbstopfer. Die Handglocke wird geläutet, eine Kokosnuss entzündet. Die Großmutter reibt Kampfer auf seine Stirn. Das Opfer legt sich flach vor den Altar. Eine Berührung an der Schulter, Reispuder wird auf seinen Rücken verrieben. Jetzt ballen sich seine Fäuste, wenn er die Arme links und rechts über die Schultern zweier Freunde drückt. Liebevoll schließen sie ihre Handflächen um seine Fäuste. Einer presst ihm eine Limette in den Mund. Seine Augen verdrehen sich, als sich der erste Haken in seinen Rücken bohrt. Nach einer halben Stunde sieht er mit faustgroßen Milchkännchen aus wie ein Insekt. Die Flamme der brennenden Kokosnuss zuckt nervös.

»Milch ist der Urstoff des Fests«, sagt einer, legt den Arm um meine Schulter: »Milch ist Reinheit, das Leben selbst, denk einfach an heilige Kühe, die Milchgeberinnen.« Thaipusam ist ein Männerfest der Mutterverehrung.

Mit Sonnenaufgang tanzen vier schwer drapierte Jungs die gut anderthalb Kilometer hoch zum Tempel. Ihre Blicke werden immer glasiger, die Bewegungen fast auf der Stelle zunehmend mechanischer. Acht Stunden benötigen sie für die knappe Meile, an unzähligen Erfrischungsständen vorbei, an H-Milch-Verkäufern und einem Zelt zur Massenrasur, dann durch ein Tor die steilen Treppen empor. Auf schmalen Stufen eingekeilt steigt der Geruch vergorener Milch aus Tausenden von Henkelmännchen in die Nase. Alle Welt scheint unterwegs, mit der Gabe. Oben an der Tempelwand klebt ein Flachbildschirm. Er zeigt, was drinnen passiert. Eine knallblaue Kriegerfigur, Gott Murugan, ist auf jenen Speer gestützt, den sich die Jungs zum Schluss wie einen Spieß durch Wange und Zunge stechen ließen. Murugan wird mit Milch übergossen. Gespeist von unzähligen Milchkannenträgern in einem gewaltigen Milchkannenstau.

Die Verletzung

Die Jungs aus Malaysia versehren sich aus Verehrung. Das Gesetz der Religion erlaubt es ihnen. Ihr Herkunftsland Indien verbietet es. Wie in Europa gelten Selbstverletzungen, ein Tattoo oder das Branding als ein Widerstand gegen das Verbot, Hand an sich selbst zu legen. Man darf sich nicht als Opfer brandmarken. Man darf sich nicht selber opfern, wie die Selbstverbrennung unglücklicher Mädchen in Afghanistan ihre Familien in untilgbare Schuld verstrickt. Weil die Selbstverletzung eine Waffe ist.

Bei den Tamilen bleibt das Sichtbare der Schuld, die Narbe, aus (weil der Stich in Fettschichten erfolgt). Gerade dieses Spurlose ihrer Verletzung, die die Schmerzgrenze überschreitet., ist ihr Triumph.

Die Jungs aus Malaysia verletzen sich: um unverletzbar zu werden. Sie wiederholen und erneuern das wie einen Zauber jedes Jahr, wie ein Tätowierter sein Tattoo erweitert, verfeinert oder restauriert. Sie geben ihre Haut her, um sich ihrer Haut zu erwehren. Dieser Tausch ist keineswegs irrational; denn genauso findet er sich auch in der Arbeit wieder. Arbeit bedeutet, sich mit ihrem Ertrag vor der Welt schützen zu können. Der Verlust von Arbeit bedeutet: sich nicht mehr schützen zu können. Weil der Abwehrzauber, der in der Arbeit steckt, nicht mehr wiederholt werden kann. Arbeitslos zu sein heißt, die eigene Gabe war zu gering und damit der Zauber zu schwach, um sich den Verdienst der Arbeit erhalten zu können. Man hat zu wenig gegeben (auch wenn man zu wenig erhalten hat). Man müsse das nächste Mal mehr geben (auch wenn man das nächste Mal mehr verlangen sollte). Doch das tun sie nicht, all die arbeitsuchenden Lastwagenfahrer vor deutschen Werkstoren, um die Fahrer zu ersetzen, die bereits versucht haben, ihr Bestes zu geben, die gegen sich selbst um jeden Kilometer kämpften, bis der Körper nachgab, der Unfall geschah. Und ein neuer Kollege aus der Riege der Arbeitsuchenden einspringt, während der Versager sich hinten erneut einreiht.

Ihre Gabe ist die Gewalt,

mit der sie gegen sich selber vorgehen. Wird die Gewalt der Fahrer über sich selbst nicht mehr verlangt, ist sie nicht mehr an die Gabe von vergeudeter Lebenszeit auf der Autobahn gebunden und an die Begabung, einen 40-Tonner Tag und Nacht in der Spur zu halten, auch nicht mehr an die verzehrende Gabe, mit Gewalt über sich und den eigenen Schlaf zu triumphieren, sucht die nun freie Gewalt neue Bindungen. Solang ist sie außer Kontrolle. Darum, das ist die Gewalt des Staats, kontrolliert er die Fahrer, die aber diesen Schutz, den der Staat ihnen geben will, missverstehen als ein weiteres Tribut, das sie über die Steuern hinaus zu zahlen haben. Weil der Staat ihrer Begabung offenbar misstraut und damit genau dem, was sie überhaupt zu geben haben. Die Fahrer geben Steuern und Strafen, aber sie erhalten nichts, was sie schützt – vor einem Staat, vor seiner Kontrolle, vor dem Unfall und vor der Entlassung. Damit ist der Zauber der Gabe gebrochen.

Dieser Zauber

ist die Milch bei Thaipusam. Sie wird dem Gott gegeben wie ein Tribut, der schützen soll. Für den Akt der Gabe wie der Hingabe erwarte ich, dass ich beschützt werde. Darum heißt es, der Staat trage Verantwortung. Aber er trägt sie wie Gott Murugan: nur symbolisch. Mit dem Unterschied, dass der Staat sehr genau sagt, wie viel Milch er haben will. Damit kassiert er, nach Leistung, Kontrolle und Aufsicht (den Eigenschaften des Sports), und zwar genau den Anteil, den der Mensch einst als seinen eigenen Triumph über die Arbeit betrachten durfte. Er zahlt genau die

Verschwendung und Vergeudung, die seinen Überfluss bedeutet hätte.

Die Gabe

ist das Gegenteil der Ökonomie. Sie verpflichtet zu nichts, wenn ich dem Bettler etwas gebe, oder auch nicht – die Gabe zementiert nur unseren Unterschied. Sie lässt mich souverän erscheinen, wo der Bettler nur ein Almosen findet.

Darum glauben wir lieber an die Gleichung eines Lohns, auch der Kunst, obwohl sie nicht auf messbarer Arbeit beruht, sondern auf einem Spiel mit dem Handwerk, einer Technik der Intuition, einer selbstgenüsslichen Wiederholung der Kräfte. Spiel, Selbstgenuss und Intuition sind aber keine Vokabeln der Arbeit, sie stammen aus einer Zeit, als der Künstler noch von der Gabe lebte, und vom Geschenk seines Mäzens.

Darum steht der Künstler zwischen zwei Fronten, der Gabe und der Arbeit, dem Geschenk und dem Lohn. Gabe und Geschenk sind für ihn Insignien des Überflusses, des Wohlwollens, der Ehrfurcht; Arbeit und Lohn dagegen sind für ihn Zeichen des Mangels. An Genie.

Noch einmal

Was bleibt vom Menschen, wenn man die Arbeit von ihm abzieht? Der Soziologe Wolfgang Engler antwortete so: »Als eine Gruppe von Soziologen 1932, auf dem Höhepunkt der Weltwirtschaftskrise, das österreichische Industriedorf Marienthal besuchte, waren sie nicht so sehr vom materiellen Elend betroffen, sondern von der Tatsache, dass die kostenlosen Buchausleihen in der Bibliothek auf Null zurückgegangen waren. Das einzige Geschenk, das sich mit Arbeitslosigkeit verbindet, freie Zeit, wird als tragisches Geschenk empfunden. Die Zeit vergeht, und ich fülle sie nicht. Das ist das Schlimmste, was einem ohne Arbeit passiert.«

Arbeitslose und Arbeitsarme stehen nun ebenso zwischen zwei Fronten wie die Künstler. Wieder zwischen der Gabe, die sie ernährt, und der Arbeit, die man ihnen verwehrt. Sie lesen die Zeichen nur umgekehrt wie der Künstler. Gabe und Geschenk erleiden sie, sie sind für sie nur Zeichen des Mangels; dafür werden

ihnen Arbeit und Lohn zu Zeichen von Überfluss und Wohlerge-
hen.

Mangelt die Arbeit,

ist jedes Geschenk verdächtig. Auch das »tragische Geschenk« an
»freier Zeit«. Weil die Arbeit fehlt, entsteht verlorene Zeit, die
man nicht mehr verschwenden und vertrödeln kann. Die Zeit
drängt sich auf – und man kann sich nicht revanchieren.

Wer an der Bäckertheke im Gedrängel der Eiligen »Ich hab
Zeit« sagt, ist ein Souverän; sagt diesen Satz der Arbeitslose, spürt
er Scham. Er hat nicht »trotzdem« Zeit, sondern nur im Überfluss.
Die Zeit, spätestens jetzt, erkennt er wie eine Ware der Ökonomie,
die knapp gehalten, gezählt, gespart wird. Zu ihrer Verschwendung braucht man ein besonderes »Recht«.

So verschlingt die Ökonomie das Metaphysische: Zeit und
Sinn. Der Arbeitslose kann nur noch Sinnloses tun, während für
die Ökonomie alles sinnvoll ist, was sie verwertet.

Das Fest dagegen feiert keinen anderen Sinn, als diesen Sinn
zu vernichten. Der Rausch, den man vom Fest verlangt, will dem
Sinn Einhalt gebieten wie der Sport, der durch seine Sucht nach
Rekorden jeden anderen Sinn, gerade den der Arbeit, vernichtet –
denn Sport ist sinnlose Arbeit per se, die er für sein Fest vernichtet.

Der Staat

unterbreitet nun beiden, dem Künstler und dem Armen, einen
Tausch: eine Geldhilfe. Zugleich wittert der Staat, dass beiden
Gruppen die Ökonomie suspekt sein könnte. Den Arbeitsarmen,
weil sie nicht besser verdienen, den Künstlern, weil sie eine Arbeit
gegen die Konvention betreiben. Ihre Existenz befindet sich außerhalb der Ökonomie. Sie sollten dankbar sein, dass die Almosen
durch die Gabe des Staats ersetzt wurden, während islamische
Kulturen dieses Problem ans Fest delegieren. Ihr Fest, so ist es Sitte, gibt einen Gutteil, ein Drittel des zu Verschwendenden, an die
Armen. Und macht den Künstlern Geschenke im selben Maß, wie
der Künstler als Geschenk für das Fest betrachtet wird.

Im Fest regiert Verschwendung

Darum dürfe der Staat sich ein Fest nicht leisten. Weil er nicht vergeuden darf. Denn gerade die Freiheit zur Freizügigkeit besteuert er, den Luxus, die Ausnahme, den Genuss. Darum erscheint die Verschwendung als schädlich, einfach, weil sie für den Staat schädlich wäre, würde er verschwenden. Wie sollte der Staat auch dulden, dass man die Sozialhilfe im Rausch vergeudet. Wenn sich alle so verhielten, hieße das: Wenn der Staat sich so verhielte.

Umgekehrt: Ist der Staat sparsam, wird es ihm das Volk gleichtun. Lauter sparsame Haushälter reißen sich so am Riemen, als wären sie selbst der Staat. Sie geben sich auch kein Fest, solang der Staat keins gibt. Bis das nationale Fußballereignis 2006 alles wundersam entschuldete. Als wahre Staatskunst. Gegen die Fremdenfeindlichkeit verhängte er die Gastfreundschaft (um anschließend vehementer denn je die Integration zu verlangen). Gegen den knausernden Pessimismus projzierte er eine tanzende Masse von Feiernden auf jede Großbildleinwand (um dann hemmungslos alle Vergnügen im Namen einer medizinischen Ideologie und sonstiger Künste der Prognose zu bekämpfen).

Verschwendung ist ungerecht

Das ist einzusehen. Denn niemand hat gleich viel Überfluss. Gerecht hingegen sei, dass jeder stets eine Bugwelle von Arbeit noch vor sich hat. Von etwas, das immer noch vor einem liegt. Wer das nicht hat, wäre frei. Das ist ungerecht.

Von den Arbeitern im Weinberg

Denn das Himmelreich gleicht einem Hausherrn, der früh am Morgen ausging, um Arbeiter für seinen Weinberg einzustellen. Und als er mit den Arbeitern einig wurde über einen Silbergroschen als Tagelohn, sandte er sie in seinen Weinberg. Und er ging aus um die dritte Stunde und sah andere müßig auf dem Markt stehen und sprach zu ihnen: Geht ihr auch hin in den Weinberg; ich will euch geben, was recht ist. Und sie gingen hin. Abermals ging er aus um die sechste und um die neunte Stunde und tat dasselbe. Um die elfte Stunde aber ging er aus und fand andere und sprach zu ihnen: Was steht ihr den ganzen Tag müßig da? Sie sprachen zu ihm: Es hat uns niemand eingestellt. Er sprach zu ihnen: Geht ihr auch hin in den Weinberg. Als es nun Abend wurde, sprach der Herr des Weinbergs zu seinem Verwalter: Ruf die Arbeiter und gib ihnen den Lohn und fang an bei den Letzten bis zu den Ersten. Da kamen, die um die elfte Stunde eingestellt waren, und jeder empfing seinen Silbergroschen. Als aber die Ersten kamen, meinten sie, sie würden mehr empfangen; und auch sie empfingen ein jeder seinen Silbergroschen. Und als sie den empfingen, murrten sie gegen den Hausherrn und sprachen: Diese Letzten haben nur eine Stunde gearbeitet, doch du hast sie uns gleichgestellt, die wir des Tages Last und Hitze getragen haben. Er antwortete aber und sagte zu einem von ihnen: Mein Freund, ich tu dir nicht Unrecht. Bist du nicht mit mir einig geworden über einen Silbergroschen? Nimm, was dein ist, und geh! Ich will aber diesem Letzten dasselbe geben wie dir, habe ich nicht Macht zu tun, was ich will, mit dem, was mein ist? Siehst du scheel drein, weil ich so gütig bin? So werden die Letzten die Ersten und die Ersten die Letzten sein.

In der späteren Überlieferung finden sich zusätzlich die Worte: »Denn viele sind berufen, aber wenige sind auserwählt.«

Jeder, der die Arbeit heiligen muss

und aus ihr seine Rechte ableiten soll, liebt dieses Evangelium als die tiefe Quelle seiner wirklichen Kultur, die hier sehr wohl einsieht, dass Arbeit nichts anderes ist als ein sehr schlechtes Geschäft. Den Glauben an diese Arbeit hat die Kultur sich aber angelegt, um im Gegenzug den Glauben selbst so herablassend unverschämt zu betrachten wie eine herabgerutschte Hose. So steht er nun da, in seiner Arbeitswut, der Michel ohne Hose, im Hemd, das ihm näher ist.

Angst

hat er. Das verstehen wir. Muss arbeiten, hat keine Zeit zum Denken. Also hat er auch keine Kultur nötig, außer der, die ihn integriert, die die »seine« sei, und die sich dem Erschöpften bloß noch zuträgt als jene Kulturindustrie, von der schon im letzten Jahrhundert Adorno annahm, dass sie der finale Schritt zur Versklavung des Menschen sei: Unter Kultur verstünde man nur noch

Medien der Widerstandslosigkeit, die dem Denken weder Fallen noch Stolpersteine stellen. Alles wird Gedudel und Gequatsche, ununterscheidbar das Nachgedachte und Vorgekaute. Hauptsache, die Bibliotheken füllen sich, die Buchproduktion erreicht immer neue Rekorde. Diese Höhe der Zeit ist nun allemal zu halten, und moderat zu steigern als einen Sieg der Zivilisation, die nur für Arbeitende das Recht auf Glück erzwingt. Denn nur die Arbeit ist unveräußerlich ans Recht geknüpft, in ihrem Namen zu tun und zu lassen, was man Freiheit nennt. Sie aber wird wie das Himmelreich etwas später ausgezahlt, im Alter. Und hier treffen wir sie endlich, all die, denen es wie den alten Griechen verpönt war zu arbeiten. Ihre Sklaven sind die Generation Praktikum. Die Alten aber haben ihr Vermögen schon schlecht oder recht gemacht. Jetzt kehren sie zurück in den Elfenbeinturm der Muße, den sie auf einmal – vielleicht nicht von heute auf morgen – sehr wohl genießen. Müssen. Ohne Arbeit. Die Alten philosophieren, führen ein endliches, ein souveränes Leben ohne Arbeit, feiern mit Gleichgesinnten ein vernunftvolles Symposion als Fest ohne Arbeit, lieben Knaben und Mädchen, die ihre Enkel sein könnten und unterhalten ihre Wirtschaft ohne Arbeit, verstehen sogar ihre politische Verantwortung über ein Gemeinwesen, das sie nur nicht mehr hört. Weil die Alten den entscheidenden Schritt bereits geschafft haben. Fast ohne Gram die Arbeit niederzulegen. Und damit zu verschwinden aus dem Diktat der Arbeit.

Es freut die Alten,

dass sie endlich Zeit zum Lesen haben. Dass sie wieder Herren ihrer Zeit sind. Dass sie ihre eigene Zeit haben. Dieser Übergang von fremd- zu selbstbestimmter Zeit erinnert sie nicht ganz abwegig an die fremdbestimmte Zeit, die sie im Theater, Kino, vor dem Fernseher verbringen, und jener selbstbestimmten Zeit eines Fests, auf das sie gehen, wann sie wollen und das sie verlassen, wenn ihnen danach ist. Oder an ein Buch, das sie lesen, wie es ihnen gefällt, und niederlegen, wenn sie die Lust an ihm verlieren. Über uns schütteln sie nur den Kopf mit Friedrich Nietzsche: »Nicht das ist das Kunststück, ein Fest zu veranstalten, sondern solche zu finden, welche sich an ihm freuen.«

Immer süchtig nach dem Fest

Sizilien

Ein Anwesen unweit von Messina. Ein Torbogen, Flieder. Ein eckiges, nicht eben einladendes Gebäude am Hang, wie versehentlich dort hingebaut. Innen wirkt es viel angenehmer. Ein Atrium in der Mitte des Hauses. Ein Säulengang ringsum. Vom ersten Stock, an eine Balustrade gelehnt, schaut man in einen quadratischen Hof, etwas zu groß für ein Wohnzimmer, etwas zu klein für ein Theater. Im Zentrum steht ein flacher Tisch als ungeschmückte Empore, rundrum reich drapierte Sofas. In die Wand ist eine Feuerstelle eingemauert, in der Küche nebenan rumort es. Draußen im Garten, den man vom Gästezimmer im ersten Stock sehen kann – er ist angelegt wie ein Schutzwall – trocknet weiße Bettwäsche auf Fliederbüschen. Überall riecht es nach ihren Blüten.

Unschlüssig

stehe ich im Zimmer. Bin eingeladen zu einem Symposion mit dem Titel »Das souveräne Theater« (was alles offen lässt, wie bei Akademien üblich). Eine italienische Bekannte leitete die Einladung weiter, die ungewöhnlich schlicht war. Der Brief enthielt weder eine Liste von Rednern noch eine Internet-Adresse. »Fahr hin, wenn du Zeit hast«, sagte sie, »ruf aber an, damit sie wissen, dass du kommst«. Das Telefon diente nur dazu, meine Ankunftszeit am Flughafen zu erfahren. Mir gefiel das. Es roch nach dem Luxus des Unerwarteten, des Ungewissen, so als würde man sich unwillkürlich fragen: Wonach sehnst du dich süchtig? Solang du das nicht weißt, bleibt alles neutral, unaufgeklärt und atmet die

Normalität des Gleichgültigen, wie dieses Haus, der freundliche, nicht herzliche Empfang durch eine Bedienstete, die das Zimmer mit der unverbindlichen Höflichkeit einer Hotelangestellten zuwies und wieder verschwand.

Das Symposion beginnt

Es klopft an der Tür. Das Freudestrahlen eines Südländers umarmt mich. Ich habe ihn nie zuvor gesehen. »Kallias«, stellt er sich vor. Dann: »Lass uns was trinken.« Als wir im Atrium in die gewaltigen Sofas sinken, sagt er: »Willkommen zu meinem Symposion.« Selten, dass jemand ein Symposion sein eigen nennt. »Ich widme es«, und sein Glas zeigt in eine Richtung, die ich nicht im Blick hatte: »Autolykos.« In der Ecke steht ein blasser Junge, schüchtern, noch nicht volljährig. Kallias sagt: »Ich bin ganz verliebt in diesen Knaben.«

Die Gäste, sämtlich Männer, treten aus den Zimmern wie aus Kulissen. Der Neue, ich, soll eingeweiht werden. Kallias spricht von: »geweiht werden«. Es ist ein sonderbarer, sehr einfacher Akt. »Schwöre«, sagt Kallias, »auf dieses Kästchen. Und schwöre, dass du niemandem und nie sagst, was sich darin befindet.« Gut, ich schwöre. »Schwöre, dass du das, was du erlebst, zwar frei erzählen darfst, aber kein Wort davon, was dieses Kästchen enthält.« Meine Stimme wird zwangsläufig entschiedener: »Ich schwöre«. »Hast du dazu eine Frage?«, fragt Kallias. Ich hätte, doch schütteln die hinter ihm stehenden Männer den Kopf. »Nein«, sage ich. »Dann ist hiermit das Symposion eröffnet.« Er öffnet das kleine Kästchen. Ich muss lachen. Alle lachen. Es ist ein gewaltiges, ein ansteckendes, ein ganz und gar großartiges Lachen, das das Fest eröffnet.

Das Essen

wird auf koreanische Art als ein bereits gedeckter Tisch hereingetragen. Es ist von unmöglicher Frische. Noch bewegen sich einzelne Glieder mancher Meeresfrüchte. Der Champagner ist dringend notwendig, um neben vertrauten Austern auch eine salzige Suppe von Laich zu schlürfen. »Das Rohe und das Gekochte«, sagt Kallias, »das Rohe zuerst, denn das ist immer am Anfang von allem. Auf dass Autolykos, mein Geliebter, noch lange roh bleibt!«

76

Wir toasten. Der Tischnachbar nennt sich Sokrates und reicht eine Schüssel weiter mit etwas, dass nach Erdnussflips aussieht. Sie enthält frittierte Bienen, die gegen die Macht der Gewohnheit, um die es hier nicht geht, sehr viel besser schmecken als ihr vegetarischer Ersatz. Alle erheben sich, spenden ein Trankopfer und stimmen ein Lied an, das aus einem einzigen unsinnigen, somit leicht zu singenden Refrain besteht. Der Tisch wird davongetragen. Die Stimmung ist so gelöst, dass ein Symposion unmöglich scheint: Vorträge, eine Präsentation in welcher multimedialen Ausschmückung auch immer, die nüchterne Erkenntnis, ein wissender Disput von zu Ende gedachter Auffassung – nichts davon passt zu den gereichten Zigarren, in deren Rauch sich die Gedanken mit der immer winzigeren Sorge paaren, ob die vorbereitete Gabe, ein zu verlesendes Manuskript mit der Überschrift »Die Bedeutung der Souveränität bei Georges Bataille im Tanz des 20. Jahrhunderts«, nicht Fehl am Platz sein könnte.

Aleutride

Wir lagern auf den Sofas. Auf der wenig erhöhten Bühne in der Mitte des Atriums tritt eine syrakusische Flötenspielerin auf, Aleutride heißt sie, die Tochter eines Theaterunternehmers, der auch eine Akrobatin und einen jungen Tänzer mitgebracht hat. Während der Unternehmer lautstark bestimmt, erst dann tanzen zu lassen, wenn er sein Geld in der Hand hat – man schickt nach der Börse – zeigen manche Herren ungeniert auf die Akrobatin, die ihren Körper zum Aufwärmen biegt, andere auf den Knaben, der Gymnastik betreibt. Es beginnt eine Vorstellung, die sonst wohl nur zurückgelehnt und mit verschränkten Armen zu genießen wäre. Aber sofort schreit Sokrates: »Habt ihr gesehen, wie dieser schöne Knabe durch seine Bewegungen noch schöner erscheint, als wenn er still steht?«

Sein Einfall scheint keinen zu stören. Die Flöte macht weiter, die Akrobatin macht weiter, der Tänzer macht weiter, nur der Theaterunternehmer fragt nun höflich in die Runde, welche Art von Tänzen man bevorzuge. »Einen schönen«, entfährt es einem. »Was wäre auch verlockender als die Schönheit?«, fragt ein zweiter, und die Antwort vom Sofa gegenüber: »Na, den Schönen zu küssen und ihn zu verkuppeln!« »Also brauchen wir sinnlichere Tänze«, beschließt Sokrates, denn darum geht es: »um die Lust als

Voraussetzung für Gemeinschaft und Freundschaft«. Der Syraku-
sier lässt abbrechen, flüstert der Akrobatin und dem Tänzer etwas
zu, hievt einen Sessel auf die Bühne und verkündet eine Choreografie, die er »Ariadne und Dionysos« nennt.

Dionysos, der junge Tänzer, sitzt, wie ein wenig trunken, auf
dem Sessel. Ariadne tritt hinzu, und als er sie nun selber erblickt,
tanzt er mit einem Ausdruck zärtlicher Zuneigung auf sie zu,
führt die Akrobatin zu seinem Sessel, setzt sich auf ihre Knie, um-
schlingt sie und küsst sie. Sie erwidert voller Zuneigung seine
Umarmung.

Die Gäste klatschen Beifall. Dionysos steht auf und hebt
Ariadne zu sich empor. Nun kann jeder, von allen Seiten, Haltung
und Bewegung eines sich küssenden und herzenden Paars studie-
ren. Alle, die sehen, wie Dionysos in seiner wahrhaften Schönheit
und Ariadne in ihrer reizenden Jugendlichkeit nicht spielen, sondern sich wirklich auf den Mund küssen, halten endlich den
Mund, weil die beiden keineswegs den Eindruck machen, als hätten sie die Gesten nur einstudiert, sondern es wäre ihnen Erlaub-
nis gegeben, das zu tun, wonach sie sich sehnen.

Xenophon beschreibt diese Szene in seinem »Gastmahl« im
Jahr 370 v. Chr.

Xenophon

liefert ein sehr schönes Dokument vorchristlicher Tanzdarbietung.
Er bezeichnet einen Unterschied zwischen dem Theater der Künste mit Flötenspiel, Akrobatik und Tanz. Und einem Schauspiel,
dass ohne jedes Wenn und Aber den Körper zeigt: in seiner
Schönheit, in seinem Begehren, unverstellt. Dass Dionysos, der
Weingott, und Ariadne, die kretische Mondgöttin, im Rausch ihre
sechs Kinder als die sechs Stämme von Hellas zeugten, will man
eben nicht nur wissen, man will es auch sehen. Das ist die Schaulust. Sie hasst die Kunst der Verstellung. Man verlangt einen wirklich erregenden Körper und seine Schönheit von Anbeginn. Damit
wir beides: aushalten können müssen.

Bei Xenophon, so ging es weiter, sprangen die Herren sofort
auf ihre Pferde, um ihre Erregung am legitimen Ort, der Ehefrau,
auszutoben. Mein Nachbar sagt, Xenophon unterscheide aber in
seinen »Erinnerungen an Sokrates« deutlich zwischen der buhleri-
schen (hetairikôs) und prostituierten (peporneménos) Autorität

des Tänzers: »Ein Knabe solle zögern Lust zu empfinden, sondern nüchterner Zuschauer seiner Glut bleiben.« Er will sagen: Der Tänzer, der Ariadne küsst vor aller Augen, darf sich seinen eigenen Gefühlen nicht hingeben, sonst würde er sich prostituieren. Er soll die Erregung aber auch nicht darstellen, sondern herstellen. Dazu muss er sie selbst beherrschen, um den Teilnehmern des Symposions ein Begehren anzuzüchten.

Erotisches Theater

Kallias deutet mit einer Geste auf die bemalten griechischen Vasen an allen Seiten des Atriums, die keine sokratische Kritik und meisterlichen Philosophen zeigen, keine nüchternen Symposien, sondern wüste Gelage, Rausch und sexuelle Erregung. Dargestellt sind der aufgerichtete Penis, nackte Tänzerinnen, trunkene Bürger mit aufgedunsenen Bäuchen. Sokrates sagt: »Denkt ans Theognis, die Gedichtsammlung für junge Aristokraten, die offen jeden Anstand und jede Scham verachteten: Warum soll man nicht die Nächte mit Trinken und erotischen Abenteuern verbringen? Darum feiern all diese Gedichte und Vasenbilder das süße Leben, den Luxus der Ausschweifungen.« Es muss sich einer leisten können: zu begehren. Und wieder Kallias: »Ich selbst bevorzuge den reichen Herakleides Pontikos, ein Schüler Platons. Im 4. Jahrhundert v. Chr. behauptet er, dass das Leben im Luxus und in Vergnügungen die Zeichen für einen freien Bürger sind. Von ihm stammt mein Lieblingssatz: Wer mäßig lebt, ist undankbar.«

Darauf trinken wir einen

und das vorbereitete Manuskript bugsiere ich unauffällig ins auflodernde Kaminfeuer. Jeder spricht, was ihn im Moment beschäftigt: nicht »übermannt« zu werden. Ist dieser nicht zu Übermannende der Tänzer? Weil er seinen eigenen Körper beherrscht und somit die Lust: zum Genuss des attischen Bürgers, der bereit war, dafür ein Vermögen auszugeben? Der Tänzer stachelt ihre Lust an und kontrolliert sie, wahrscheinlich im Verbund mit den Bediensteten. Denn ein Kellner, wohl mehr als das, steht auch hier abseits und beobachtet uns. Ich winke ihm, aber er reagiert nicht, obwohl er mich ansieht. Man sagt mir, worauf er achtet: dass unsere zunehmende Trunkenheit gleich bleibt, damit niemand vor dem anderen die Würde verliert. Es wird erst gelallt, wenn alle lallen.

Der Rausch

»Nehmen wir an«, übersieht auch Kallias mein orales Begehren, »es stimmt, dass Tänze – weil das die Vasenbilder zeigen – die erotische Kultur der Reichen bestimmten.« Die Herrschaften bei Xenophon verhielten sich nicht eben andächtig den Tänzern gegenüber, im Gegenteil, sie sind selber alles andere als mundtot. Das hat nichts mit Geringschätzung zu tun. Sie wollen nur ihre Nüchternheit beweisen, in dem sie den Tänzer loben und tadeln. Sie wollen nicht ihre eigene Erregung erleiden, sondern versuchen ihre Erregung zu beherrschen wie Regisseure. Damit frönen sie dem männlichsten Männer-Luxus überhaupt, mit dem Feuer zu spielen, von dem sie hoffen, das es sie verzehrt, um zugleich anderen Männern zu beweisen, wie sehr sie das Feuer beherrschen.

Die Initiation

»Denn«, ruft Sokrates: »niemand soll Sklave des Begehrens sein, sondern dessen Herr. Das Begehren beherrschen – es nicht unterdrücken, es nicht verleugnen, es nicht verbieten ...« Alle nicken. Sokrates hat recht.

Der Einzige, der nichts gesagt hat, ist der schöne Autolykos, in den Kallias so verliebt ist. Immerhin gibt er dieses Symposion zu seinen Ehren. Autolykos schweigt. In die Männerrunde wird er erst aufgenommen, wenn er nur eins sich nicht gefallen lässt: Objekt oder Sklave seines oder eines anderen Begehrens zu sein. An ihm, sagt Kallias, »empfinde ich Lust«. Er sagt Lust (»pothos«), ich verstehe Leiden (»pathos«), wohl aus Mitleid. Für meinen Geschmack ist er noch viel zu jung für sowas.

Aber das Symposion traut sich etwas: Die Lust, über die es denkt, will es zulassen. Autolykos ist nicht nur wirklich schön, er wird begehrt, damit er ein ebenbürtig begehrendes Mitglied wird. Für ihn gilt genau das, was Xenophon buhlerisch, frei, nannte (hetairikôs), wie eine Hetäre, nicht aber prostituiert und wie ein Sklave des Pornos (peporneuménos). Er muss sein geschlechtliches Begehren äußern. Er darf sich diesem Begehren nicht unterwerfen. Er muss es zulassen, um es zu beherrschen. Sollte er sein Begehren beherrschen, hat er auch Chancen auf politische Ämter, weil gilt: Wer sich selbst beherrscht, kann auch andere beherrschen.

Was ist mit Ariadne?

Mein Blick war eher an ihr haften geblieben. »Sie ist unberührbar«, behauptet Kallias. Initiiert wird »sein« Knabe, um ihn später an die Frau, die Autolykos heiraten wird, weiterzureichen. Die Frau ist kein Spielzeug. Sie wird schon mit 15 Jahren vermählt. Es ist der initiierte Mann, der auch ihre Erziehung in Liebesdingen übernimmt: weil er, deutlich älter als die Frau, mit Ämtern ausgestattet sein wird, die ihn die Verantwortung erst tragen lassen, auch über den nächsten heranwachsenden Knaben, den er lieben wird. Die Frau aber ist die Ehe, sie ist die »Satzung«, einmal gesetzt, heilig, tabuisiert, unberührbar. Sie ist die Geschützte, weil sie schützt vor dem Unbill des Draußen, wo die Männer ihr Land mit Hermen, phallos-artigen Grenzsteinen, umstellen. Männer wissen sehr genau, wie eng all das miteinander gekoppelt ist: ihre Sexualität und ihre Aggressivität – beides beherrschen zu können, ist lebenswichtig.

Der Wettstreit

Darum ist ihr Fest ihre Herausforderung, indem es ihr Begehren fordert. Dazu dient das Theater. Auf ihm wiederholt sich alle Gewalt, das Begehren, das Verbot, die Überschreitung. Sie sind selbst involviert. Keine Zeugen. Sondern Miturheber. Was aus dem archaischen Hollywood noch rüberklingt, die Verherrlichung von Gewalt, das illegitime Begehren, das nach einer legitimen Befriedigung drängt. Das gibt es nicht im heutigen Theater. Das Fest der Antike stammt aus diesem Spiel um das Begehren, als eine Feier der Gewalt.

Man trug dazu Masken, die die Person schützten angesichts der Versuchung, der sie sich aussetzten. Hier wurde stattdessen kaum einer der zehn Männer vorgestellt. Nur der Gastgeber: Kallias. Der Wortführer: Sokrates. Und Autolykos, der Gegenstand. Er sitzt jetzt stumm neben Kallias, seinem Liebhaber, auf seinem Sofa. Alle haben ein eigenes Möbel, wie eine Insel. Zusammen ergeben die Sofas eine Burg, wie Grenzsteine, gleich angesiedelt um die Bühne, die – nachdem die Tänzer abgetreten sind –, wie ein verödeter Altar wirkt, ein heiliges aber leeres Zentrum. Ist das Symposion eine Probebühne für das Leben? »Falsch«, sagt Sokrates. »Es ist eine Bühne für die Schönheit«. Er steht auf, kehrt zurück mit einer Vase, die er aus einer Ecke nimmt: »Denn wirklich, was verlockt mehr als die Schönheit?« Die Vase zeigt einen Mann, Aias, mit erigiertem Penis und einem Schwert, der gleich die nackte Kassandra vom Altar der jungfräulichen Athene wegreißen wird.

Vergewaltigung

ist das, was auf diesem Bild als Nächstes passieren wird. Wir reichen die Vase einander wie ein Beweisstück, vorsichtig, auch wenn sie eine Kopie ist. Der Phallos ist das Schwert, dagegen ist nichts zu machen, das ist die Gewalt der Lust. Wer je eine Waffe in der Hand hielt, kennt sie, die Hochspannung aus Begeisterung und Aggression, die gerade beim Erfolg ins Sexuelle umschlägt, ins Leere stößt, weil der Gegner schon erlegt ist, wie bei Aias, und die sich weiterhin entladen will: als Vergewaltigung.

Die Vase versinnbildlicht das nicht, sie mahnt nicht. Sie feiert das ohne die Sichtbarkeit des Akts selbst. Sie feiert die Möglichkeit. Die Möglichkeit ist schrecklich schön. Aber nichts weist auf das Absolute hin, das Verbot: dass die Vergewaltigung gerade vor dem Altar eine doppelte Schändung ist, das gesellschaftlich Unsühnbare schlechthin. Das größte Verbrechen: die Gewalt gegen die Frau als eine Gewalt auch gegen das Religiöse, bei dem sie Zuflucht sucht.

Schönheit

»Das ist schön!«, beharrt Sokrates, »denn schön ist das, was ich empfinde, wenn ich ein Begehren spüre. Ich liebe Schönheit.« »Warum?« »Weil sie mir fehlt, und weil ich ganz erregt bin, wenn sie mir begegnet.« »Warum erregt dich Kassandra?« »Tut sie das? Nein, sie ist vielmehr schön vor dem Altar der jungfräulichen Athene, durch eine Gefahr, die ich kenne. Wenn Gewalt von mir Besitz ergreift, und ich nehme mir diese Gewalt, dann müsste ich genauso sagen, dass die Gewalt schön ist.« »Ist die Gewalt schön?« Nach einer Weile: »Ja, das ist sie.« »Aber wir fürchten sie.« »Mehr als alles andere.« »Was ist das Gegenteil von Gewalt?«

»Schönheit.« »Stimmt das?« Und nach einer Weile: »Ich muss zugeben, dass die Welt schön ist, weil ich sie begehre, und so ist das Begehren schön, das Verlangen, ihre Erfüllung (Tokos) und alle damit verbundenen Freuden (Eudaimonia).« »Worum also geht es bei der Schönheit?« »Um ihre Erfüllung (sagte Platon).« »Was ist Erfüllung?« »Das biologische Hervorbringen (wörtlich: die Geburt) des Schönen selbst.« »Die Geburt ist auch eine Gewalt.« Nach einer Weile: »Die größte Gewalt, die sich gegen die Geburt richten könnte, wäre, dass ich (das Kind, mich selbst) nicht mehr begehre.« »Also gehört die Gewalt dazu?« »Nur, wenn sie das Schöne hervorbringt.«

Was für ein Dialog

Leben wird in die Logik der Sprache verdammt. Weil in dem Spiel, auch im Spiel der Sprache, alles enthalten ist: Gewalt, Begehren, Erotik, Tod. Beabsichtigt Kallias mit diesem Symposion nur, all diese ewigen, die klassischen Fragen zu wiederholen? Einen Moment denke ich, ist für Kallias die Antike nur ein Zufluchtsort der Moderne, wie es auch die vergangene documenta in Kassel war: »Ist die Antike unsere Moderne?«, fragte sie. Und, als wäre es kein Widerspruch, fragte man auf dieser Kunstschau nicht nur nach der vorgeblichen Gleichheit der Menschen (die bei den Griechen nur für den Adel galt), sie fragte im selben Atemzug nach der Verantwortung für die Welt und nach den Möglichkeiten zur Versöhnung mit ihr.

Sokrates' Frage nach der Schönheit enthält aber keine Sehnsucht nach Versöhnung. Sie ist nicht mal, wie bei Friedrich Schiller, eine Frage der Freiheit – die er in der Schönheit erblickte, denn der feiernde, philosophierende Adel der Griechen war bereits frei.

Diese Herren erkennen nur Fakten an: die Gewalt, die Verführung, die Lust, das Begehren. Machen nicht die geringsten Anstalten, im Namen der Schönheit etwa Krieg, Gewalt, Vergewaltigung zu verurteilen. Sie nähern sich keinem Ziel. Das Symposion hat keine Beschlusskraft, es ist kein Gericht, ist kein parlamentarischer Ausschuss: Es spielt nur. Wie ein Theater? Oder ist das Symposion nicht – ein Fest?

Für Michel Foucault

den Archäologen des Wissens, bedeutete das Symposion etwas Ernstes: dass es eine Sorge gab. Eine ernste Sorge, die durch Sexualität, Begehren, Gewalt, den Krieg erst ausgelöst wird. Hier aber entstanden nicht hemmende Gesetze zu ihrem Bann, sondern etwas Besseres: die Wissenschaften. Wissenschaft entsteht aus Sorge. Aber sie findet nie eine Antwort. Sie sucht sie noch. Darum enthält keine Wissenschaft ein Heilsversprechen. Sie nährt nur die Hoffnung auf Erkenntnis. Die Wissenschaft ist kein Gesetzbuch, sie ist selbst ein Spiel. Sie spielt mit den Möglichkeiten der Verführung oder der Übertretung. Sie schmeckt ab. Sie fährt koreanische Küche auf. Sie testet das Begehren. Aus Sorge, weil sie um die Macht des Gifts, um die Unverträglichkeit Genaueres wissen möchte. Dasselbe macht auch das Fest. Es sorgt sich: um das Ausbleiben der Sonne in nördlichen Regionen, deshalb die Sonnenwendfeier. In der Sorge um das Ableben der Toten gründeten sich sämtliche Feste des Totenkults. Aus Sorge um Nahrung nimmt sich der Karneval das Recht heraus, eine Gegengesellschaft zu versuchen.

Kein Fest

das gegen die Vergewaltigung symbolisch ein Opfer wie eine Vergewaltigung zelebriert, meint damit naiv, die Vergewaltigung abgeschafft zu haben. Kein Fest wird glauben, im erlaubten Ausbruch von Gewalt den Krieg nun alternativlos zu besiegen. Kein Fest kann im Spiel mit der Verführung verlangen, die Lust des Körpers gestillt zu haben. Sogar die Moderne versteht nicht, wie es möglich sein soll, per Gesetz die Leidenschaft zu vernichten, obwohl es ihre gängige Praxis ist.

Spielt die Wissenschaft aber nicht mehr, gibt sie sich tatsächlich dazu her, dass ihre immer nur einstweiligen Prognosen und Diagnosen in Gesetzesvorlagen gegossen werden können. Der Experte wird zum Opfer, indem er wie ein Priester behandelt wird. Kein Symposion und kein Fest dagegen hätte es gewagt, in seinem freien Spiel die eigenen Argumente so abzuschließen, dass sie Folgen für die Gesellschaft hätten. Aus keiner Tragödie folgt ein Gerichtsbeschluss. Sie spielt ihn nur, »wie ein Gesetz«. So sind auch alle schriftlichen Versuche aus den griechischen Symposien, insbesondere die Platonischen, erst sehr viel später »wie ein Gesetz« gelesen worden. Mit Georges Bataille, aus meinem verbrannten Manuskript zitierend, war der Sinn des Symposions vielmehr: »Was man von uns erwarten kann, ist, so weit wie möglich zu gehen und nicht, zu einem Ergebnis zu gelangen.«

Nur aus Sorge

geht man so weit wie möglich. Darum müssen Freiheit und Begehren, auch das Fest und das Denken, notgedrungen radikal sein. Genauso aber gibt sich auch eine populistische Politik radikal, wenn sie vor lauter inszenierter Sorge eine »radikale Lösung« verlangt. Nur verwendet sie diese Lösung immer gegen die Freiheit und das Begehren. Im Namen der Angst. Um uns mit diesem Satz zu beschwichtigen: »Was man von uns erwarten kann, ist, euch so weit entgegen zu kommen, damit ihr unser Ergebnis liebt.«

Das Fest ist ein Spiel

Kallias sagt: »Es gibt nichts, was der Freiheit hinzuzufügen wäre. Und nichts, was das Begehren übertrifft. Denn wenn die Gewalt des Begehrens ausbricht in der Grausamkeit, ahnt jeder, dass weder das Begehren noch die Grausamkeit durch ein hemmendes Gesetz kuriert werden können.«

Der Glaube an das heilende Gesetz kommt vom reinen Glauben, dessen moralisches Fundament immer die Behauptung war, die Welt notwendigerweise verändern zu müssen. Aus Angst. Ein solches Ansinnen, auch »Errungenschaft der Zivilisation« genannt, gälte im gebildeten Haus bei Messina auf Sizilien als naives Denken. Hier heißt es stattdessen, dass durch die Androhung und die Praxis von Unfreiheit und unterdrücktem Begehren das größte Meisterstück der Naivität überhaupt gelang: Begehren, Leidenschaft und Gewalt zu ersticken durch Unterdrückung, durch Arbeit, durch einen Übersinn, das Leben selbst verändern zu müssen. Denn warum arbeiten nur die, die noch begehren könnten, ihre Leidenschaften noch ausleben würden, Gewalt noch ausüben möchten? Für den freien Griechen war der Gedanke, mit arbeitswütiger Gewalt die Gewalt umzulenken, undenkbar, da er selbst nicht arbeitete. Höchstens nach Gutsherrenart.

Ist der Adel frei?

Lieber verschwendete der Adel, gab rauschende Feste – gern in einer Form, die ihn so erst berechtigte, Adel sein zu dürfen: als Künstler. Er schuf und bestimmte das Verhalten, die Form, die Rituale, die sein gesellschaftliches Niveau über dem der Unfreien bewies. Der Adel selbst war das Lebenskunstwerk, und seine eigene Freiheit erfolgte, zumindest öffentlich, wie eine Kunst, die – so war es auch auf der documenta oft zu hören – als ein »Gehabe der Kunst« bezeichnet wird. Die Kunst steht in ihrer Gespreiztheit Schlange vor der Wertschätzung, um, wenn sie erfolgt ist, geadelt zu sein: und so erst Kunst wird. Es gibt keinen Unterschied zwischen der geadelten Kunst und dem Adel, solang sie beide das Kunststück vollführen, nicht etwas Bestimmtes zu bedeuten, sondern etwas Besonderes. Das Besondere ist ihre Freiheit und dient nur dazu, sich etwas herauszunehmen. Weil es das vornehme Recht des Adels ist, sich genau das herauszunehmen aus seinem Herrschaftsbereich, was ihn interessiert: Das sind die Schönheit, die Gewalt, die Leidenschaft, das Begehren.

Sokrates

schlägt mit einem Thyrsosstab heftig auf meine Schultern. Es schmerzt. »Wo steckst du, Neuling?« »In Gedanken« »Dann teile sie gefälligst mit« »Und wenn sie nicht wahr wären?« »Amüsierte uns immer noch die Kunst, wie du lügst.«

Also erzähle ich vom Adel der Kunst und sage: »Dass die Welt heute nicht so antik denkt, sondern auf Partizipation beharrt, auf Teilnahme.« »Beispiel, Beispiel«, rufen alle, denen endlich nachgeschenkt wird.

Kota. Radjastan. Indien

Sein Name ist Pani Hari Lok Kala Mandal. Er ist Tanzunternehmer. Seine Tänzerinnen heißen Govind Gandhera und Rajkumar Kanada. Seine Investition: Festlich glitzernde Kleiderstoffe für die Damen; er selbst erbte die Musikinstrumente vom Vater. Mehr hat er nicht. So zieht er mit seinen Tänzerinnen von Tür zu Tür, wie es seine Vorväter taten. Er kennt die Gästelisten unter diesem gigantischen, wehrhaften Fort in der sonst hässlichen Industriestadt Kota. Abend für Abend ziehen die drei, manchmal auch mit befreundeten Musikern, von Bankett zu Festmahl, wie es Xenophon vor fast zweieinhalbtausend Jahren beschrieb. Sie klopfen an, sie spielen auf, sie tanzen, und viel zu schnell kommt für die gut Genährten, die auf dem mit Teppichen und Kissen verzierten Boden lagern, ein schrecklicher Moment. Man solle mittanzen. Die Musik hämmert frenetisch, die jungen Mädchen sind wunderschön. Mit ihnen zu tanzen, ist eine Schande. Die eigene Schaulust kommt zu kurz, wenn man sich messen lassen soll mit ihrer eleganten Geschwindigkeit ... »Komm nur, komm nur«, klatschen sie. Es kostet Selbstüberwindung: den satten Körper nicht gehen zu lassen, sondern ihn bewegen zu sollen, vor allen anderen Gästen, die wenigstens in gleich misslicher Lage sind. Scham allein schon deshalb, weil man in Konkurrenz mit denen tanzt, die es viel besser können. Dagegen will man doch viel lieber bewundernd kapitulieren. Sich in den Sessel, ins Dunkel verziehen. Ins Theater.

Govind und Rajkumar

aber sind Virtuosinnen der Verführung, der Animation, Motoren mit entwaffnender Eleganz, die den Tisch aufheben gegen die unerzogene Sattheit, gegen die körperliche Trägheit, gegen den eigenen angetrunkenen Körper. Sie sind: Go-Go-Girls. Sie sind so übervoll mit Tanzlust, dass der Verdacht aufblitzt, die Tänzerinnen auf sozial geringer Stufe rächten sich mit Tanz. Ihr Können macht ihnen niemand streitig, auch wenn sie keine eigene Bühne haben; nichts von dem, was ein westlicher Tänzer mindestens verlangt, wenn er sich als Künstler fühlen will. Die beiden Mädchen finden stattdessen, sich einen Teil nehmen ist besser, als sich einen Teil nur denken. Das Schlimmste aber ist: Während man mit ihnen tanzt, hört das Denken auf. Es versiegt. Man lässt sich gehen und könnte darüber den Kopf verlieren.

Der Tanz

das merkt man gleich, kann nicht denken. Er bricht einfach hervor. Solang die Tanzende unberührbar blieb, war sie noch wie ein Spiegel des eigenen Begehrens. Jetzt aber, mit ihrer Aufforderung zum Tanz, neutralisiert sie den Spiegel. Meine eigene Beherrschung des Körpers soll ihrem viel beherrschteren Körper entgegentanzen. Da ist nichts mehr, was reflektiert. Deshalb das

Misstrauen gegen den Tanz und das Fest. Reflexe werden animiert, anstatt das Reflektierte, die Bedeutung, all das, was man vom Theater verlangt.

»Woher also, frage ich euch, kommt das Misstrauen gegen das Fest, und – zugleich – gegen den Tanz?«

Sokrates sagt

»Auch das Symposion ist über die Verführung besorgt. Man kann also die Sorge zerstreuen. Oder die Verführung. Ich glaube aber, zerstreut man die Sorge, tut man ihr Unrecht. Sie hat einen Sinn. Gegen sie hilft kein Schnaps, denn Sorgen sind gute Schwimmer. Zerstreut man dagegen die Verführung, denkt die Sorge, sie hat gesiegt. Das ist der Anfang allen wirklichen Übels. Denn ein Leben in der Sorge, in der man sich durchaus häuslich einrichten kann, ist ein Leben, das alles verurteilen wird, was sich vor dem Willen der Sorge nicht in Acht nehmen kann: die Verführung zuerst, dann der Tanz und so das Fest.«

Kallias sagt

»Du hast ins Kästchen geschaut. Was hast du gesehen? Das allzu Offensichtliche. Darum hast du gelacht. Offensichtlich sind nur die Schönheit, die Gewalt, die Leidenschaft, das Begehren. Dann aber sagtest du, dass du gegen das Künstler-Genie bist, weil es sich Freiheiten herausnimmt wie der Adel selbst. Fein, aber was ist die Alternative? Dass der Mensch seine Sorge zur Kunst erklärt? Dass er die Relevanz seiner Sorge betont, bestens im Kollektiv – immerzu die Bedeutung ausbuchstabiert, die in Wahrheit nichts anderes meint, als seine Sorge, weil die Welt nun doch kein Kollektiv ist? So sollen alle einander immer nur ähnlicher werden und sich der einen Ordnung des Körpers unterwerfen. Ausnahmen werden keine mehr gemacht. Dabei ist gerade der Tanz, das Fest, die Verführung die Ausnahme. Tanz, sage ich dir gleich, darf also alles, nur eins nicht: zur Regel werden.«

Autolykos schweigt.

Denn seine Initiation naht. Seine Schritte hinauf auf die Bühne sind ungelenk. Sein Gesicht ist noch blasser als bisher. Wir halten

Tombaks, vasenförmige Handtrommeln, zwischen den Schenkeln. Er beginnt unwillkürlich zu tanzen. Zaghaft, wie es sein Charakter ist. Er lauscht, während er sich noch wiegt. Die Augen hat er geschlossen. Die Schläge bleiben gleich stark, nicht zu schnell. Sie lassen ihm Raum. Sie sind ruhig. Er scheint zu träumen. Er sucht. Sein Körper windet sich, tastend. Sein Oberkörper beugt sich vor, hierhin, dahin. Ich gebe, als er in meine Richtung drängt, zwei Schläge mehr. Er schnellt zurück. Mein Gegenüber macht es mir nach. Die Schläge werden schneller. Seine Beine verlieren endlich an Steife. Er klatscht sogar, einmal, unwillkürlich. Er lächelt, fast verschämt. Die Augen bleiben zugekniffen, er wankt. Aber er tanzt. Er stampft auf, was uns zu festeren Rhythmen animiert. Der Junge hält sich fester, wie an einer Ballettstange, von der er sich abstoßen kann in einen Genuss, den wir nicht unbeantwortet lassen. Wohin er nun immer sich neigt, ein kleines Solo der Tombak an seiner Seite füttert ihn, und er geht auf Feinheiten ein, die kleinen Varianten im großen Groove, inmitten der ehernen Regelmäßigkeit des Schlags. Das Trommeln wird lauter, auch wir werden mutiger, vertrauter mit dem Rhythmus, der die Halle des Hauses füllt. Der das Hirn entleert. Erste Glücksschreie auch von den trommelnden Männern. Da fasst der Junge endgültig Vertrauen. Sein Körper scheint nicht mehr die geringste Hemmung zu haben, die Arme brechen aus, verlassen den Beat der Beine. Sein Kopf schnellt nach oben, mit jedem einzelnen Schlag, wieder und wieder, als würde er über den Nacken seinen Geist auswerfen. Er keucht, Kallias nickt uns in die Runde zu, und wir geben noch einen Schlag darauf, wechseln schneller in unseren Variationen. Da stöhnt Autolykos, seine Augen öffnen sich, aber es sieht nichts. Er wirbelt, er stößt einen Schrei aus, stöhnt mit Grunzlauten, und alle sehen, wie er sich Kallias nähert, gefährlich nah an der Bühnenkante tobt. Etwas ist passiert. Das ist, denke ich, nicht Autolykos. Wie beim brasilianischen Candomblé ist eine Art Gott, ein Geist in ihn gefahren. Und wie ihm jetzt sogar noch Schaum vor den Mund tritt, starre ich hilflos in eine Runde aus von sich selbst entzückten Männern, die ihre Tombaks selbstvergessen ohne eine andere als die Kontrolle des enervierenden Rhythmus schlagen, der auch uns heraus trägt. Eine Droge, die sich keine Sorge um den Jungen macht. Der keine Angst mehr kennt. Soll er doch stürzen. Er ist längst auferstanden, ein Dionysos, der (sich) auf uns stürzen wird, weil sein Körper stärker ist. Stärker als die Tombaks. Stärker, als er selber war. Wenn eines fernen Tages diese Trommeln enden, ist er einer von uns.

Der Tanz ist das Opfer

Was sich liest wie ein ferner Hall aus Strawinskys Ballett »Sacre du printemps«, dem Frühlingsopfer, ist ein Ur-Tanz. Die Stärke des Jungen benötigt einen Muskelbau, um das durchzuhalten. Eine Initiation in den Tanz selbst, die darauf besteht, dass er nicht das Opfer seines Begehrens im Rausch seiner Ekstase wird. Er soll doch vielmehr sein Begehren beherrschen, also seinen Körper. Ein Begehren erzeugen, ohne so zu erscheinen, als würde er selbst begehren. Nur das wäre der souveräne Körper. Aber: Das nur ist die Kriegskunst im Tanz, die den Zuschauer bevorzugt, weil der Tänzer ihm seine Kraft vorführen kann ... anstatt sich fallenzulassen wie eine Gabe, als »Opfer«, in die Gesellschaft, die ihn auffängt. Das wäre das Fest. Aber es ist dieses eine winzige Diktat der Selbstbeherrschung, das aus dem Tanzenden einen »Krieger der Schönheit« macht, einen Vorzeigetänzer, einen Beherrscher im Namen der Schönheit. Es ist nur dieser winzige Dreh, vom Fest, indem er ein anderer wird, zur Bühne, auf der er diese Macht demonstriert, ein anderer zu sein. Das ist die Geburt der Tanzkunst.

Finales

Später wird aus dem Theaterunternehmer der Choreograf, der dem Tänzer zeigen wird, dass nicht die Pantomime des Bedeutens, die Deutbarkeit seiner Gesten entscheidend ist für den Zuschauer. Sondern die blanke Macht der Beherrschung seines Körpers. Darum nennen spätere Generationen den Tänzer einen Mönch, die Tänzerin eine Nonne ihres Begehrens und ihrer Selbstzucht. Sie erblicken die Reinheit ausgerechnet in der Kasteiung, die der Tänzer sich zumutet zur bloßen Beherrschung des eigenen Körpers. Dadurch wird er zur Leidensfigur, die, und das ist das Ende der Tanzkunst, ihrer Bewegung eine Bedeutung verleihen will. Die mit konzeptueller Interpretation oder pantomimischer Geste auf die Welt zeigt. Aber nicht versteht, dass das Denken niemals stärker herausgefordert wird als genau dann, wenn nichts mehr zu sagen ist. Wenn die Sprachlosigkeit einsetzt. Und zwar jene, die sich den Mund so verbietet wie beim sexuellen Begehren. Die sprachlos macht. Also kein Theater wird. Sondern Tanz. Weil Schweigen mehr Kraft hat als diese Worte. Das Schweigen ist die Dämmerung des Fests. Darum: Feierabend!

Die das Fest ermöglichten

gefördert durch die

TanzScripte

Natalia Stüdemann
Dionysos in Sparta
Isadora Duncan in Russland.
Eine Geschichte von Tanz
und Körper
März 2008, ca. 180 Seiten,
kart., ca. 20,80 €,
ISBN: 978-3-89942-844-5

Arnd Wesemann
IMMER FESTE TANZEN
ein feierabend!
Februar 2008, 96 Seiten,
kart., 9,80 €,
ISBN: 978-3-89942-911-4

Sabine Gehm,
Pirkko Husemann,
Katharina von Wilcke (eds.)
Knowledge in Motion
Perspectives of Artistic and
Scientific Research in Dance
2007, 338 Seiten,
kart., zahlr. farb. Abb., 14,80 €,
ISBN: 978-3-89942-809-4

Reto Clavadetscher, Claudia
Rosiny (Hg.)
Zeitgenössischer Tanz
Körper – Konzepte – Kulturen.
Eine Bestandsaufnahme
2007, 140 Seiten,
kart., 18,80 €,
ISBN: 978-3-89942-765-3

Sabine Gehm,
Pirkko Husemann,
Katharina von Wilcke (Hg.)
Wissen in Bewegung
Perspektiven
der künstlerischen
und wissenschaftlichen
Forschung im Tanz
2007, 360 Seiten,
kart., zahlr. farb. Abb., 14,80 €,
ISBN: 978-3-89942-808-7

Friederike Lampert
Tanzimprovisation
Geschichte – Theorie –
Verfahren – Vermittlung
2007, 222 Seiten,
kart., 24,80 €,
ISBN: 978-3-89942-743-1

Gabriele Brandstetter,
Gabriele Klein (Hg.)
**Methoden der
Tanzwissenschaft**
Modellanalysen zu
Pina Bauschs
»Le Sacre du Printemps«
2007, 302 Seiten,
kart., zahlr. z.T. farb. Abb., inkl.
DVD, 28,80 €,
ISBN: 978-3-89942-558-1

Sabine Sörgel
Dancing Postcolonialism
The National Dance Theatre
Company of Jamaica
2007, 238 Seiten,
kart., 27,80 €,
ISBN: 978-3-89942-642-7

Christiane Berger
Körper denken in Bewegung
Zur Wahrnehmung
tänzerischen Sinns bei
William Forsythe und
Saburo Teshigawara
2006, 180 Seiten,
kart., 20,80 €,
ISBN: 978-3-89942-554-3

Susanne Foellmer
Valeska Gert
Fragmente einer Avantgardistin
in Tanz und Schauspiel der
1920er Jahre
2006, 302 Seiten,
kart., zahlr. Abb., inkl. DVD, 28,80 €,
ISBN: 978-3-89942-362-4

Leseproben und weitere Informationen finden Sie unter:
www.transcript-verlag.de

TanzScripte

Gerald Siegmund
Abwesenheit
Eine performative
Ästhetik des Tanzes.
William Forsythe, Jérôme Bel,
Xavier Le Roy, Meg Stuart
2006, 504 Seiten,
kart., 32,80 €,
ISBN: 978-3-89942-478-2

Gabriele Klein,
Wolfgang Sting (Hg.)
Performance
Positionen zur zeit-
genössischen szenischen Kunst
2005, 226 Seiten,
kart., zahlr. Abb., 25,80 €,
ISBN: 978-3-89942-379-2

Susanne Vincenz (Hg.)
Letters from Tentland
Looking at Tents:
Helena Waldmanns
Performance in Iran
2005, 122 Seiten,
kart., zahlr. z.T. farb. Abb., 14,80 €,
ISBN: 978-3-89942-405-8

Leseproben und weitere Informationen finden Sie unter:
www.transcript-verlag.de